Gálatas y Efesios

Serie «Conozca su Biblia»

Gálatas y Efesios

por Francisco Javier Goitía Padilla

AUGSBURG FORTRESS

MINNEAPOLIS

Esta serie

«¿Cómo podré entender, si alguien no me enseña?» (Hechos 8.31). Con estas palabras el etíope le expresa a Felipe una dificultad muy común entre los creyentes. Se nos dice que leamos la Biblia, que la estudiemos, que hagamos de su lectura un hábito diario. Pero se nos dice poco que pueda ayudarnos a leerla, a amarla, a comprenderla. El propósito de esta serie es responder a esa necesidad. No pretendemos decirles a nuestros lectores «lo que la Biblia dice», como si ya entonces no fuese necesario leer la Biblia misma para recibir su mensaje. Al contrario, lo que esperamos lograr es que la Biblia sea más leíble, más inteligible para el creyente típico, de modo que pueda leerla con mayor gusto, comprensión y fidelidad a su mensaje. Como el etíope, nuestro pueblo de habla hispana pide que se le enseñe, que se le explique, que se le invite a pensar y a creer. Y eso es precisamente lo que esta serie busca.

Por ello, nuestra primera advertencia, estimado lector o lectora, es que al leer esta serie tenga usted su Biblia a la mano, que la lea a la par de leer estos libros, para que su mensaje y su poder se le hagan manifiestos. No piense en modo alguno que estos libros substituyen o pretenden substituir al texto sagrado mismo. La meta no es que usted lea estos libros, sino que lea la Biblia con nueva y más profunda comprensión.

Por otra parte, la Biblia —como cualquier texto, situación o acontecimiento— se interpreta siempre dentro de un contexto. La Biblia responde a las preguntas que le hacemos, y esas preguntas dependen en buena medida de quiénes somos, cuáles son nuestras inquietudes, nuestras dificultades, nuestros sueños. Por ello, estos libros escritos en

v

nuestra lengua, por personas que se han formado en nuestra cultura y la conocen. Gracias a Dios, durante los últimos veinte años ha surgido dentro de nuestra comunidad latina todo un cuerpo de eruditos, estudiosos de la Biblia, que no tiene nada que envidiarle a ninguna otra cultura o tradición. Tales son las personas a quienes hemos invitado a escribir para esta serie. Son personas con amplia experiencia pastoral y docente, que escriben para que se les entienda, y no para ofuscar. Son personas que a través de los años han ido descubriendo las dificultades en que algunos creyentes y estudiantes tropiezan al estudiar la Biblia —particularmente los creyentes y estudiantes latinos. Son personas que se han dedicado a buscar modos de superar esas dificultades y de facilitar el aprendizaje. Son personas que escriben, no para mostrar cuánto saben, sino para iluminar el texto sagrado y ayudarnos a todos a seguirlo.

Por tanto, este servidor, así como todos los colegas que colaboran en esta serie, le invitamos a que, junto a nosotros y desde la perspectiva latina que tenemos en común, se acerque usted a estos libros en oración, sabiendo que la oración de fe siempre recibirá respuesta.

Justo L. González
Editor General
Julio de 2005

Contenido

Introducción general

Hace unas semanas hablaba con un amigo en su oficina. De pronto sonó el teléfono. Luego de excusarse, mi amigo contestó el teléfono e inició una breve pero importante conversación. De pronto, me encontré escuchando una conversación ajena, y de paso, intentando completarla. Digo intentando completarla porque sólo escuchaba hablar a mi amigo. Por lo que escuché pude concluir, entre otras cosas, que quien lo llamó era un buen amigo o familiar, que tenían una reunión o actividad pendiente, que se iban a encontrar con otros amigos o familiares, y que existía una situación apremiante que debían atender. Al cabo de unos minutos mi amigo colgó el teléfono y continuamos nuestra conversación.

Me sentí algo incómodo escuchando la conversación telefónica de mi amigo y atando cabos para completarla. En estos tiempos de teléfonos celulares y de adelantos en la comunicación es casi imposible no escuchar conversaciones ajenas. Lo interesante de este evento es que se parece mucho a leer las cartas que tenemos en el Nuevo Testamento. Las cartas son una conversación entre dos personas —o entre una persona de un lado y un grupo de personas o iglesias en el otro— de la cual sólo tenemos una parte. Ya sea que leamos a Pablo, las cartas de Pedro o las de Juan, o cualquier otra epístola, lo que realmente poseemos, como en el caso de la conversación telefónica de mi amigo, es lo que una de las personas ha dicho. En el caso de las cartas, lo que una persona ha escrito. Tenemos que leer con cuidado y detenimiento, y así completar la conversación atando cabos, investigando y presentando nuestras propias conclusiones.

1

En la aventura que inicio con ustedes, mis lectores y lectoras, las conversaciones que debemos investigar, de las cuales debemos atar cabos y llegar a nuestras propias conclusiones, son las que se nos presentan en Gálatas y Efesios. Estas cartas son dos escritos amados y cuidados por los cristianos y cristianas, de todo tiempo y de todo lugar, durante casi dos mil años. Junto con los demás escritos del Nuevo Testamento y de la Biblia, ellas nos traen el mensaje del evangelio de Jesucristo a la vez que retratan costumbres, tradiciones, formas de pensar y de vivir del tiempo en que fueron escritas. De una manera poderosa entonces —y desde esta unión de presentación de costumbres y tradiciones y de testimonio del mensaje evangélico, se nos presenta hoy— al leer sus páginas, la Palabra viva de Dios, que es nuestro Señor Jesucristo. Esto es así por el poder y la obra del Espíritu Santo. Es este mismo poder y obra del Espíritu Santo lo que nos empuja y capacita para hacerles preguntas importantes a estos escritos de modo que, como ya les dije, podamos completar una conversación que redunde en vida abundante para todo el que lee.

Por esto es importante hacer preguntas, investigar y dilucidar asuntos relacionados con los pormenores de tiempo, cultura, geografía de la situación o situaciones que intenta atender y resolver el escrito que leemos. Una primera lectura de cada carta, por ejemplo, nos va a ayudar a determinar qué necesitamos saber para entender mejor el mensaje que ella guarda. En la introducción a cada carta intento proveer la información necesaria que necesitemos para tener una lectura informada y significativa del texto a partir de una primera y cuidadosa lectura.

La introducción a cada carta dará paso al comentario apropiado. Estos comentarios, por supuesto, son el fruto de mi lectura. Siempre que leemos algo tenemos, consciente o inconscientemente, un mapa o una brújula que nos ayuda a leer. Lo importante es reconocer cuál es el mapa o cuál es la brújula que estamos usando. Esto nos ayuda a reconocer tanto las limitaciones como las destrezas que estamos usando para escarbar el mensaje del texto. Mi lectura de Gálatas y Efesios va a estar dirigida por tres preguntas principales. Estas preguntas son: 1) ¿Cómo se ve la historia desde los zapatos de sus personajes?; 2) ¿Cómo se presentan y dilucidan asuntos de poder en el texto?, y 3) ¿Hacia dónde nos lleva la dirección de la actividad de Dios en el texto?

La primera pregunta, la de los personajes, nos va a ayudar a ver diferentes perspectivas, opiniones y tonalidades en las situaciones que presenta el texto. La segunda pregunta, la de los asuntos de poder, nos va a ayudar a identificar los problemas y conflictos que existen en las comunidades que reciben la carta. La tercera y última pregunta nos ayudará a identificar el mensaje mismo, al empujarnos a investigar la dirección concreta de la trasformación y acción de Dios en la vida de los personajes y de las comunidades de las cartas. De igual modo, será una invitación a identificar criterios y movimientos en la acción transformadora de Dios que podremos utilizar para hacerlos efectivos en nuestras vidas.

La lectura y el estudio de los textos, utilizando como punteros estas preguntas, nos van a llevar a relacionarlos con nuestras vidas y nuestras realidades. Aquí pasamos entonces a dilucidar la importancia y relevancia que tanto Gálatas como Efesios pueden tener en nuestro diario vivir. Otra vez es apropiado contestar preguntas. En este caso la pregunta es: ¿Qué significa este texto *en español*? Es decir, ¿cómo me ayuda este texto a vivir una vida de fe y testimonio agradable a la voluntad de Dios en medio de las realidades y dificultades que vivimos los cristianos en las comunidades hispanas de los Estados Unidos, en Puerto Rico y en América Latina? Si la contestación que este libro ofrece de alguna manera resuena en tu realidad, la de tu comunidad de fe, y en la de la sociedad donde vives, entonces el esfuerzo habrá valido la pena.

Espero que la lectura de este libro sea amena y edificante para todos y todas. Reciban, de antemano, y por conducto de mis oraciones, el deseo sincero de que Dios les bendiga y dirija en sus vidas y testimonios acerca de Su Hijo Jesucristo.

Gálatas

Capítulo 1

Introducción

Si leemos la *Carta a los Gálatas* como una carta normal, enviada por un amigo, un maestro, o un líder de nuestra comunidad de fe, notamos dos cosas rápidamente: la primera es que necesitamos información para entender bien lo que sucede, y la segunda es que el autor, en este caso Pablo, parece estar algo enojado. Mucha de la información que necesitamos nos la provee la misma carta. Y la carta corrobora, además, el estado de ánimo de su autor. Su introducción (1:1-5) y conclusión (6:18) son breves y escuetas. El primer versículo que sigue a la introducción, «Estoy maravillado de que tan pronto os hayáis alejado...» (1:6), y el que precede a la conclusión, «De aquí en adelante nadie me cause molestias...» (6:17) enmarcan la carta con este tono molesto, hasta hostil, que hace algo difícil su lectura. Este tono fuerte de la carta, a mi entender, le provee un carácter de urgencia y de no negociabilidad al asunto que se atiende, y esto nos sirve de aviso para que estemos alerta y pongamos atención. Lo que se discute es importante.

Para entender lo que se discute necesitamos información. Algunas de las preguntas que necesitamos contestar son: ¿Quién es Pablo y qué es lo que le hace apóstol (1:1)? ¿Por qué es cuestionado su apostolado y liderato (1:11ss)? ¿Cuáles son las iglesias de Galacia (1:2)? ¿Qué sucedió para que estas iglesias se alejaran del evangelio (1:6)? ¿Quiénes son los que los han perturbado (1:7)? Las contestaciones a estas preguntas nos ayudarán a entender mejor el asunto de la carta.

Pablo

Todos conocemos a Pablo. Cada uno de nosotros tiene un versículo o un texto de alguno de sus escritos que nos es especial. Todos hemos bebido de la sabiduría y testimonio cristiano de este hombre. Pablo era un judío criado en las comunidades judías que vivían fuera de Jerusalén, o en la «diáspora» o dispersión judía. Era un judío cuya familia vivía en un país lejano al suyo, pero mantenía la sangre, identidad y religión de los suyos. Creció en Tarso, una ciudad cosmopolita y capital de Cicilia, una provincia romana de Asia Menor (Hch 9:11; 21:39). El ambiente en el cual se crió fue el de una gran ciudad con múltiples filosofías, religiones, entretenimientos y hasta un lenguaje diferente al de los suyos. Pablo sabía el hebreo de su familia y el griego de la ciudad de Tarso, donde se crió. Sabía cómo hablar y qué decir en ambos idiomas y se desenvolvía en ambas culturas. Esto lo va a ayudar a expresar su pensamiento y a escribir su testimonio y sus ideas de un modo impactante y diferente. Si pudiera hacer la comparación diría que Pablo era algo así como un hispano de primera o segunda generación en los Estados Unidos, que vivía en una gran ciudad como Nueva York, Chicago o Los Ángeles.

Su apostolado se inició luego de haber perseguido a los cristianos (Hch 8:1-3, 9:1ss). Cuando escribió esta carta ya Pablo era reconocido como un apóstol tanto por las comunidades que fundó en sus viajes como por el liderato cristiano en la ciudad de Jerusalén. Esto es así porque sus visitas a esta comunidad se realizan, posiblemente, en alguno o algunos de sus primeros tres viajes misioneros (Hch 13-14; 16:6; 18:23), y para entonces ya tiene la autoridad y credibilidad de sus pisadas y la bendición de los apóstoles y líderes que convivieron con nuestro Señor Jesucristo (Hch 9:26-31). Pablo es, además, el fundador de las comunidades a las que escribe en esta carta. Es el padre espiritual de la comunidad y la voz humana que ha presentado el evangelio entre ellos. Cuando, entonces, Pablo escribe en Gálatas 1:1, «Pablo, apóstol», reclama para sí, y con propiedad, la autoridad de su encuentro con el Señor, la bendición del liderato de Jerusalén y el testimonio de sus pisadas y viajes misioneros.

Los gálatas

«Pablo, apóstol... a las iglesias de Galacia» (Gl. 1:2). Lo primero que se nota es el plural. Aquí no es una iglesia sino un grupo de iglesias. Estas iglesias estaban dispersas por toda una región que en el tiempo de Pablo se llama Asia Menor. Hoy día este territorio es ocupado por Turquía. Los gálatas eran una tribu que se estableció en el lugar tres siglos antes del nacimiento de Jesús. Luego el emperador romano Augusto estableció allí la provincia de Galacia, que ocupó el lugar de la tribu, y le extendió territorio hacia el sur. Así que tenemos una vasta y amplia región ocupada por gente de diferentes orígenes. La región era conocida por el tránsito de soldados romanos y por su mercado de esclavos. No se puede identificar con exactitud a qué comunidades particulares Pablo les escribió esta carta. Pudo ser a las comunidades más al sur de la región que visitó en su primer viaje misionero, como Panfilia, Pisidia, Iconio y Listra (Hch 13-14), o a las comunidades más al norte, a las que visitó en su segundo y tercer viajes (Hch 16:6; 18:23). Lo importante, sin embargo, es la certeza de la existencia de las comunidades, ya sea al norte o al sur de la región, la relación de Pablo con ellas, y la controversia que llevó al apóstol a escribir la carta.

Un dato importante es la relación entre el relato que hace Pablo en Gálatas 2 acerca de su visita a Jerusalén y el relato de ese mismo acontecimiento en Hechos 15. Parecen ser versiones de un mismo evento. Si seguimos el texto de Gálatas, la visita de Pablo a Jerusalén para un concilio o reunión en la que dilucidó su ministerio ante los gentiles ocurrió catorce años después de su conversión y bastante tras el inicio de sus viajes. Esto ubica la carta más cerca del final de los viajes y ministerio del apóstol. La controversia mayor en torno al trasfondo de la carta parece ser uno de los acuerdos del concilio según la versión de Hechos, que los gentiles debían abstenerse «de comer de las contaminaciones de los ídolos, de fornicación, de ahogado y de sangre» (Hch 15:29). La versión de Gálatas no toma cuentas de este acuerdo. Más aún, ese convenio parecería estar en contra del argumento de Pablo en la carta. Un posible panorama sería el siguiente: el capítulo 15 de Hechos tiene referencias a varias reuniones, de las cuales el versículo 29 es la propuesta final. La conversión de Cornelio (Hch 10) y el tono y mensaje central de Hechos 15 apuntan a la aceptación sin condiciones del ministerio por parte de los gentiles. Esto pudo provocar la reacción de algunos en Jerusalén —lo que ocasionó la precaución de Pedro en la mesa en su visita a alguna de las comunidades de Galacia (2:11ss). Pablo o no participó o no reconoció este acuerdo final en el concilio de Jerusalén. Este panorama permite ubicar, en términos generales, a Pablo escribiendo la carta entre los años 50 y 56 de nuestra era. También explica las acciones de Pedro, que primero comía con los gentiles y luego se rehusó, provocado por, o reflejando, el conflicto central de esta carta (2:11-13).

La situación

La situación que motiva esta carta es de suma importancia para Pablo. La describe de varias maneras. Habla de que las comunidades se «han alejado del que las llamó por la gracia». Ellas han seguido un «evangelio diferente» (1:6). Lo que está en juego es el centro mismo de la fe y de la vida cristiana. Pablo se refiere a los que en estas comunidades han hecho esto como insensatos (3:1) y necios (3:3). Aquí el tono es de enojo y decepción. Su amada comunidad está acechada por un grupo de cristianos de origen judío que intenta persuadirla —y aparentemente la ha persuadido— a circuncidarse y a seguir las leyes y ritos judíos como requisito de entrada a la vida cristiana (5:2-4; 6:12-13). Esto, según estos misioneros, es llegar a la plenitud del pacto entre Dios y los seres humanos. Aquí está en juego, pues, tanto la autoridad y misión de Pablo como apóstol de los gentiles como el valor salvífico de la sangre de Jesucristo. Pablo estaba predicando, según estos misioneros cristianos de origen judío, un evangelio "aguado" y menos estricto.

La mayoría de los cristianos que vivían en Jerusalén y que conocieron a Jesucristo eran cristianos de origen judío. En el caso de esta carta, Pablo identifica a un grupo particular, tal vez relacionados con Jacobo el hermano de Jesús (2:11), o por lo menos con las mismas ideas, que requerían la circuncisión y el seguimiento de algunas costumbres judías como requisito para ser cristiano. Algunos los llaman cristianos *judaizantes*. La respuesta de Pablo a esta situación es como un torbellino. Tiene la fuerza que se congrega en el apóstol por el enojo, la decepción, la tristeza y el temor de que sus amadas comunidades sean confundidas y convencidas por estas nuevas ideas. Tiene, además, la inteligencia, el testimonio, la genialidad del apóstol que logra articular un argumento claro y convincente para que sus comunidades posean, en su ausencia, dirección y apoyo.

Los frutos de este conflicto, dilucidado en las tierras de Asia Menor para el beneficio de gentiles recién convertidos residentes en un mundo diverso y cosmopolita, han trascendido su momento histórico. Hoy poseemos esta carta, este testimonio, para que nos sirva también de dirección y apoyo cada vez que fuerzas internas presentes en nuestras comunidades de fe intenten anteponer requisitos secundarios al valor incalculable y maravilloso de la cruz de nuestro Señor Jesucristo.

Lenguaje

Pablo hace un uso extraordinario del lenguaje a medida que presenta su argumento. Contrasta, entre otros, la ley y la fe, la carne y el espíritu, la libertad y la esclavitud, la circuncisión y la incircuncisión. Estas palabras y este lenguaje han marcado el cristianismo significativamente y se han convertido en nuestro lenguaje. La familiaridad con el mismo a veces puede empañar la brillantez y la fuerza de su significado. En el comentario que sigue intentaré explicar el significado de este lenguaje que hoy nos es tan conocido, y abundaré algo más sobre el mismo en la conclusión. Mi invitación aquí es a estar atentos a este lenguaje y a estar preparados para encontrarle significado y aplicaciones inesperadas. Lo maravilloso de las Escrituras es que siempre tienen un mensaje refrescante, impactante y apropiado para nuestras vidas. Vamos al comentario.

Bosquejo del libro

Pablo conocía tanto la tradición escrita como la tradición oral de su tiempo. Sabía tanto cómo escribir una carta como la manera de realizar un argumento para convencer a una audiencia. Los cristianos gentiles de Galacia también estaban familiarizados con la manera de argumentar de su tiempo. Gálatas presenta elementos tanto de documento escrito como de argumento oral para persuadir a una audiencia. Recordemos que, a diferencia de nosotros hoy día, no todos los miembros de la comunidad poseerían una copia de la carta. Había una copia de la carta que sería leída en voz alta a la comunidad.

El texto escrito sigue la forma tradicional de una carta. Siguiendo la costumbre de su tiempo tiene una introducción o saludo, una sección de acción de gracias, el cuerpo o contenido, una exhortación o instrucción ética y la conclusión. En el caso de Gálatas, la acción de gracias ha sido sustituida por una expresión de consternación. A este formato Pablo le añade el elemento o argumento oral. Este aporta al desarrollo del argumento y debe incluir, de acuerdo nuevamente a la cultura del tiempo de Pablo, una sección que diga algo acerca de la veracidad y autoridad del autor, un buen argumento y un llamado emotivo que impacte a la audiencia. De ahí surge el bosquejo o formato de carta (números 1 al 5 abajo) donde podemos ver adiciones del elemento oral en su argumento (2a, 2b, 2c):

1. Introducción o saludo (1:1-5)
2. Acción de gracias y defensa apostólica (1:6-2:21)
   a. Expresión de consternación (1:6-10)
   b. Autoridad de Pablo (1:11-2:21)
3. Cuerpo o contenido (3:1-4:31)
   a. Argumento (3:1- 4:11)
   b. Llamado emotivo(4:12-20)
   c. Ejemplo adicional: Sara y Agar (4:21-31)
4. Exhortación o instrucción ética (5:1-6:10)
   a. Estad firmes en la libertad (5:1-15)
   b. Las obras de la carne y el fruto del Espíritu (5:16-6:10)
5. Conclusión (6:11-18)

El comentario seguirá este bosquejo general de la carta y estará dividido en las cinco secciones principales de este bosquejo. Así, la primera sección discutirá la introducción, la segunda la defensa apostólica, la tercera el cuerpo y contenido de la carta, y así sucesivamente. En la medida de lo posible, se seguirán las divisiones mayores de la versión Reina-Varela, en su revisión de 1995. El comentario terminará con una discusión general de las contribuciones de la carta al pensamiento y vida de la iglesia.

1. Introducción o saludo (1:1-5)

Pablo va al grano. Esta corta introducción o saludo marca la nota y el tema de la carta. Comienza afirmando su apostolado, luego identifica a su audiencia y termina subrayando el valor de Jesucristo para el perdón de los pecados y la libertad de que disfrutamos en Cristo. El saludo tiene un tono sobrio y autoritario. El paréntesis es interesantísimo y sin paralelo. Pablo separa su apostolado del nombramiento o aprobación formal de algún cuerpo o grupo y lo fundamenta en su encuentro con el resucitado. De esta manera su autoridad tiene la misma categoría de un profeta o de los doce (1:15-16; Jer 1:5; Hch 9).

La carta es la única escrita por Pablo dirigida a un grupo de iglesias que comprende un área geográfica significativa. Como vimos en la introducción, Galacia era una región —donde convivían gentiles de origen celta— que luego fue expandida hacia el sur, al establecerse allí la provincia romana del mismo nombre y que incluía las ciudades de Iconio, Listra y Derbe. Es, pues, un territorio amplio y diverso. Esta introducción de Pablo presupone un esfuerzo misionero común, identifica un problema común y provee una dirección y apoyo comunes para resolver la situación. Todo esto se relaciona con el hecho de identificar la audiencia en plural. La pregunta que de entrada despierta mi atención es, pues, ¿cómo este Jesucristo, que se dio a sí mismo por nuestros pecados y que es la fuente de nuestra libertad, puede ayudarnos a identificar problemas comunes y proveernos dirección y apoyo para enfrentarlos y resolverlos? La solución que modela Pablo desde el primer versículo de la carta es enfrentar la situación con entereza y empeño y confiar en el poder de la proclamación acerca de Jesucristo.

2. Acción de gracias y defensa apostólica (1:6-2:21)

a. Expresión de consternación (1:6-10)

Los versículos del seis al diez identifican el problema. Los gálatas se han alejado del evangelio porque han aparecido entre ellos algunos que los perturban y pervierten las enseñanzas recibidas (1:7). Esto atenta contra el evangelio que Pablo mismo les predicó y presentó entre ellos. A diferencia de otras cartas donde Pablo encuentra razones para dar gracias por la comunidad (1 Co 1:4; Col. 1:3; Ro 1:8), en esta ocasión Pablo expresa su consternación y sorpresa. El asunto aquí va al mismo centro de la vida cristiana. Los gálatas han optado por seguir un evangelio diferente (1:6).

¿Cuál es el evangelio que les predicó Pablo, del que estas comunidades decidieron alejarse? Más adelante Pablo les va a hablar de la manera en que se recibe y vive ese evangelio y los frutos que les trae. Ahora les enfrenta con su significado mismo. En 1 Corintios y en Filipenses, Pablo hace breves pero poderosos resúmenes del contenido de este evangelio. Este evangelio, que Pablo recibió y que pasó adelante en su proclamación, proclama que Jesucristo murió y fue sepultado. Este que fue sepultado resucitó de los muertos (1 Co 15:3-4). El capítulo dos de Filipenses dice que Jesús, siendo igual a Dios, se vació de sí mismo y se hizo un ser humano. Y no sólo un ser humano, sino que se hizo esclavo. Hecho esclavo este Jesús fue a la muerte, y muerte de cruz. De esta muerte Dios lo levantó y lo exaltó hasta ponerlo a su diestra (Flp 2:5-11). Nuestra encomienda es adorarlo, exaltarlo y servirle como a Dios. No existe nada ni nadie que sustituya este evangelio, ni siquiera Pablo mismo.

Los gálatas han escuchado y seguido algo diferente. Lo que han escuchado y seguido no les ha llegado de afuera. No les ha llegado de la multiplicidad de alternativas que la cultura donde viven les ofrece. No es una filosofía interesante ni otra religión lo que los ha alejado. No es el apego al Emperador ni a la vida que antes llevaban. Es otro evangelio. Es una manera de creer en este Jesús que pone a Jesús mismo en segundo lugar. Es una manera de vivir el cristianismo que agrada más a los seres humanos que a Dios (1:10). ¿Existe algo, alguien en tu vida, en tu iglesia, en tu pueblo, que sigilosamente haya ocupado el lugar de Jesucristo?

b. Autoridad de Pablo (1:11-2:21)

Pablo dedica una larga sección de su carta a defender su apostolado. Parecería que este gran hombre se contradice a sí mismo. Primero dice que el evangelio que los gálatas deben seguir es el que viene del mismo Dios y que no debe confundirse ni siquiera con el que les proclamaría un ángel. El versículo siguiente ahora comienza con una férrea defensa de su ministerio y apostolado. ¿En qué quedamos? No debemos ver esta sección como una expresión arrogante y egoísta del lugar de Pablo en la iglesia cristiana, sino como una defensa y respuesta a una grave acusación. Los perturbadores y pervertidores de los gálatas aparentemente lo han acusado de haber aprendido su evangelio de otros predicadores que enseñaban falsa doctrina, y de no haber sido testigo, como los líderes de Jerusalén, del ministerio de Jesucristo. Por eso —según ellos dicen— Pablo ha diluido el evangelio y le ha quitado importantes exigencias de modo que los gentiles puedan aceptarlo. Ante esta situación no le queda otra salida sino defenderse.

La defensa de Pablo es doble: su evangelio no viene de humanos (1:11ss) y ha sido aprobado por los líderes de Jerusalén (1:18ss). Al escuchar la carta, acostumbrados a una forma de oratoria particular, los oyentes pudieron identificar esta sección como un reclamo a la autoridad y veracidad del autor. Aquí se marca el inicio del argumento. Ni la vida ni la proclamación de Pablo contienen datos ni experiencias que puedan amarrarse al hecho de que lo que predica lo aprendió de otro ser humano. Damasco es prueba de eso. Damasco prueba que persiguió a la iglesia. Como todo buen líder judío, Pablo conocía los requisitos y las costumbres del judaísmo. De modo que sabía tanto lo que era requisito para pertenecer al judaísmo como lo que no hacían los cristianos, lo que los convertía en algo diferente. Además, nada en esta historia de persecución se podía usar para decir que lo que sabía y predicaba acerca de Jesucristo le llegó de un ser humano o tradición humana particular. Si algo sabía era lo que hacía que un judío fuese judío. Esto le servirá más adelante para escarbar en lo que predicaban los perturbadores y reconocerlo como ajeno al evangelio de Jesucristo.

Lo que Pablo sabe acerca del evangelio y de Jesucristo no lo aprendió de ser humano alguno. Viene de afuera. De fuera de sí mismo y de fuera de la vida como la conocía. Es revelación de Dios. Pablo se ubica en la tradición profética de Jeremías (Jer 1:5) e Isaías (Is 49:1) al afirmar que Dios mismo lo llamó desde el vientre de su madre. Esta revelación de Dios es Jesucristo mismo (Hch 9:3-5; 1 Co 9:1; 15:8). Luego de este encuentro-revelación Pablo fue a Arabia y regresó a Damasco. En ese tiempo y desde la revelación, Pablo conoció al resucitado. No son su historia y sus acciones, sino el impacto de su presencia y el contenido del mensaje, lo que debía predicar a los gentiles. Por lo tanto, Pablo es un apóstol con toda la categoría y autoridad que esto conlleva.

En el transcurso de los próximos diecisiete años Pablo conoce a Pedro, a Jacobo el hermano de Jesús y a la iglesia en Jerusalén. Los visita primero pasados tres años de su encuentro con Jesucristo. Catorce años después de esta primera visita regresa a Jerusalén por segunda vez (2:1; Hch 15:1-12). El argumento es claro. Pablo no tuvo obligación de ir a Jerusalén, ni pensaba que se requiriera circuncidarse como requisito para pertenecer a la iglesia de Jesucristo. Tito, su acompañante griego, es la prueba concreta y firme. Aquí se descubre concretamente el asunto en cuestión. Tiene que ver con la circuncisión. Tiene que ver con la relación entre las costumbres y formas del judaísmo y su validez, o falta de ella, para la vida cristiana y para el contenido del mensaje de salvación acerca de Jesucristo.

Los líderes que han confundido a los gálatas de alguna manera han confundido las costumbres y normas judías, especialmente la circuncisión, con la esencia misma del mensaje de salvación. De una manera errónea han relacionado la circuncisión y el mensaje acerca de Jesucristo. En Jerusalén, dice Pablo, estas cosas no se relacionaron. No se les requería la circuncisión a los gentiles convertidos. Hubo, sin embargo, algunos que intentaron «espiar nuestra libertad» (2:4). Estos que intentaron confundir las cosas no eran líderes de reputación. Dice Pablo que Jacobo, el hermano de Jesús, Cefas [Pedro], Juan y el propio Pablo se dieron la mano en señal de compañerismo y aprobación (2:9).

Nuevamente, no es tan sólo que el evangelio que Pablo predica no lo ha aprendido de ser humano alguno, sino de Cristo mismo. Es también que los verdaderos líderes de Jerusalén aprobaron su evangelio y cómo lo predicaba a los gentiles. Aquellos que de alguna manera protestaron en Jerusalén, y estos que ahora perturban a los gálatas, no saben lo que dicen ni tienen autoridad. La autoridad reside no en Pablo, sino en el evangelio que predica, en el Cristo muerto y resucitado. Este Cristo no es negociable.

Esta decidida defensa, en el último de los casos, no es solamente una defensa del apostolado de Pablo, sino también de la certeza y significado mismo del evangelio. La vehemencia y radicalidad con que Pablo defiende su postura son sorprendentes. Los perturbadores predican un evangelio con condiciones. Estas condiciones aparentemente incluyen, como punto culminante, la circuncisión. Pablo, judío erudito y una vez persecutor de la iglesia, conocía esos requisitos. Y sabía de la libertad que Cristo había traído. Ha presentado su primera prueba. El evangelio que predica viene de la presencia misma del Cristo resucitado y de su encuentro con la Palabra de Dios. Los líderes de rango en Jerusalén le dieron la mano en señal de compañerismo y aprobación. La batalla es entre desiguales. Estos que intentan confundir y poner condiciones no tienen el evangelio. No tienen el rango ni la autoridad. Ante este panorama, sería insensato negarse a escuchar al apóstol.

Ahora bien, esta defensa de Pablo nos invita a pensar acerca de nuestros oficios o ministerios de proclamación y acerca de las condiciones o radicalidad con que presentamos el evangelio. Como ya vimos, Pablo ubica su llamado y trabajo en la tradición profética de Isaías y Jeremías y en la tradición apostólica de los doce en cuanto a haber estado frente al resucitado. La tarea de proclamar la buena noticia acerca de Jesucristo —que todos tenemos como creyentes— tiene también estas dimensiones proféticas y apostólicas. Proféticas, en cuanto al llamado a decir una palabra de verdad y justicia. Apostólica, en cuanto esta palabra se fundamenta y presenta la Palabra de Dios en Cristo Jesús. ¿Con cuánta vehemencia y radicalidad asumimos esta encomienda? ¿Con cuánta vehemencia y firmeza anunciamos un evangelio sin condiciones? ¿Quiénes son los perturbadores y pervertidores del evangelio en nuestras comunidades? ¿Cuáles son los requisitos que anteponemos al Cristo crucificado y resucitado para que otras personas disfruten de sus beneficios?

Si nos ponemos en el lugar de alguno de los gálatas, el conflicto es interno. No es un asunto de los llamados separados, alejados, o de la sociedad secular que a veces vemos con suspicacia y desdén. El problema está dentro de nuestras comunidades. Tal vez es que es más fácil cumplir requisitos que cumplir con una obediencia radical. Tal vez es que sabe más sabroso poner condiciones que amar sin condiciones. El enojo de Pablo es fruto de su coraje y decepción de la iglesia que está dispuesta a encontrarle corredentores a Jesucristo.

Esta sección termina con un encuentro entre Pablo y Pedro en la visita que Pedro realizó a Antioquía, una ciudad cerca de la región de Galacia. Allí Pedro compartió y comió con la comunidad lo que la comunidad compartía y comía, y esa comunidad incluía gentiles convertidos al cristianismo. Lo hizo hasta que llegaron algunos de parte de Jacobo (2:12) que ponían requisitos. Aquí los requisitos encuentran finalmente nombre. Estas personas que Pablo identifica como auspiciadores y promotores de un evangelio identificado con Jacobo, el hermano de Jesús, requerían el cumplimiento de la ley judía, fundamentada sobre todo en la circuncisión, como requisito de entrada y pertenencia a la comunidad cristiana. Cuando Pedro se puso tímido y dejó de participar con los gentiles en su camaradería y comidas, se convirtió en un hipócrita. No sólo no obedeció los acuerdos llegados en Jerusalén, los cuales no requerían el cumplimiento de nada, sino el seguimiento a una proclamación radical acerca de Jesucristo. Dio además falso testimonio. Sucumbió a la presión de líderes que eran de segunda categoría, líderes errados aunque vinieran en nombre de Jacobo.

La salvación es por la fe y no por las obras de la ley (2:16). Lo que se rechaza no es la obediencia, la disciplina, el orden, las obras y acciones que hacemos causadas por la gracia. Lo que se rechaza es el *confiar* en la obediencia, la disciplina, el orden, las obras y las acciones como causantes de la salvación y sustitutas de la sangre de Jesucristo. El orden y la causa no son negociables. Pablo trata el tema del lugar de nuestra respuesta a

Jesucristo en la vida cristiana en otras de sus cartas. En Romanos hace la pregunta que me parece más adecuada en este contexto: ¿Perseveraremos en el pecado para que la gracia abunde? La respuesta es clara: si hemos muerto con Cristo resucitaremos con él y por razón de la fuerza de Cristo y su resurrección andamos en una vida nueva (Ro 6:1-4). Pablo expresa esto mismo en Gálatas con una de sus más poderosas y queridas afirmaciones: «con Cristo estoy juntamente crucificado, y ya no vivo yo, mas vive Cristo en mí» (2:20). Aquí entonces no se está proponiendo, como dicen los judaizantes, un evangelio diluido ni una vida cristiana laxa o irresponsable. Aquí se está discutiendo el fundamento mismo de la fe y la fuerza que Dios nos ha regalado para vivir la fe con empeño y disciplina. Aquí el asunto es Cristo. Afirmar y obedecer a estos judaizantes sería despreciar a Jesucristo (2:21).

Una nota final acerca del versículo dieciséis. Mucha tinta se ha gastado en este versículo por un pequeño artículo en la oración. El versículo dice que no somos justificados por las obras de la ley, sino por la fe de Jesucristo. Lo dice dos veces. El asunto es importante por varias razones. Primero, trata el tema de la fuente y eficacia misma de la fe. Segundo, nos ayuda a explicar la relación que existe entre nosotros, la fe que nos salva y Jesucristo. Y tercero, entender estas relaciones es causa de consuelo y fortaleza para vivir de una manera agradable a Dios.

¿Qué significa esta frase «por la fe de Jesucristo»? Si somos salvos por fe, es esta fe la que nos conecta a la gracia de Dios y es a través de esta fe que recibimos lo que necesitamos para salvarnos. Existen dos posibilidades. Somos salvos por la fe que cada ser humano recibe y la cual actúa en nuestras vidas, o somos salvos por la fidelidad de Jesucristo al Padre, la cual obra en nuestro favor. La primera se ubica en el territorio humano. La segunda en el territorio de Jesús. Más aún, ¿de quién es el título de propiedad de nuestra fe? ¿Es nuestro o es de Jesucristo? La fe no es como la circuncisión que requieren los judaizantes para entrar y pertenecer a la comunidad cristiana. La fe no es como la ley que nos refiere a un código o lista de cosas para realizar. No es algo que hacemos o que tenemos gracias a nuestras propias fuerzas. Si el evangelio que Pablo defiende con tanta vehemencia y empeño es que Jesucristo murió y resucitó, de alguna manera la fe está relacionada con este Cristo que murió y resucitó. Lo que Pablo afirma es que por la fidelidad de Jesucristo nos ha llegado la fe en Jesucristo. Por eso es que «con Cristo estoy juntamente crucificado, y ya no vivo yo, mas vive Cristo en mí» (2:20).

De esta manera la fe es un regalo que está en nuestro territorio. Pero no la poseemos con título de propiedad, sino por usufructo. Disfrutamos de sus beneficios. Como dice Martín Lutero, Cristo es quien está presente, quien forma y entrena nuestra fe de modo que le confesemos como salvador. El consuelo nos llega del regalo recibido. Todos somos beneficiarios. Todos somos iguales ante Dios por esta fe. Esta fe no depende de lo que estudiamos ni de lo que poseemos. No depende de nuestra edad ni de nuestro físico. No está limitada a un idioma o país particular. No se identifica con ninguna ideología ni depende de ningún documento de legalidad. Esto es lo que Pablo le predicó a los gálatas y lo que los judaizantes quieren eliminar. Aferrados fuertemente a este regalo que es Cristo, la fe nos transforma por medio de la gracia de Dios de modo que vivamos cantando y alabando al Señor, y nos cuidemos de no anteponer nada ni a nadie en el asiento de esta fe en nuestras vidas. Pablo termina diciendo, «si por la ley fuese la justicia, entonces por demás murió Cristo» (2:21).

3. Cuerpo o contenido (3:1-4:31)

a. Argumento (3:1-4:11)

El capítulo tres comienza con palabras fuertes. Pablo se muestra sorprendido por la manera en que las comunidades de Galacia aparentemente han cedido a los requerimientos de los que les predican otro evangelio. Han sido hechizados, seducidos, por las palabras falsas de estas personas. Han sido llevados a falsedad. Estos encantadores que los han hechizado les han hecho perder la inteligencia y la sabiduría. El resultado de este hechizo es la insensatez y la necedad. Es la pérdida de lo que les hace pensar y actuar correctamente. Esto que han perdido es el Espíritu y la verdad (3:1-2; Jn 14:6).

El enojo de Pablo es apropiado. Estos pequeñitos del Señor que han recibido la buena noticia de Jesucristo ahora arriesgan la salvación por palabras mentirosas que les confunden y desvían. Él mismo les había presentado a Jesucristo, y a Jesucristo crucificado (3:1). Se arriesgan a perder el verdadero evangelio que no sólo se les ha predicado, sino que les ha traído al Espíritu o a la presencia misma del resucitado entre ellos (Ro 8:9-11). Este mismo Espíritu es el causante de la esperanza de una vida nueva y buena ahora y al final de los tiempos. La necedad, el hechizo, los hace ir en retroceso. Habiendo conocido al crucificado y habiendo experimentado en sus vidas la presencia misma del Espíritu del que resucitó, ahora se imponían a sí mismos condiciones y limitaciones para disfrutar de lo que ya habían disfrutado libremente.

A veces nuestra vida cristiana no es diferente. Confundimos la llave con el candado. El baile con la música. El sol con el día. Somos hechizados por cosas de segunda importancia y abandonamos el Espíritu y la verdad. Lo que hemos hecho es abandonar el centro, que es la acción de Dios. Pablo nos está diciendo a los gálatas y a nosotros que nos fijemos y analicemos, en nuestras experiencias, la manera en que la presencia de Jesucristo nos ha servido para incorporarnos a vidas más plenas y verdaderas. Vidas ajenas de requisitos y condiciones que nos dividen de los demás. Pablo nos invita a fijarnos bien en lo que hemos vivido y a reconocer en Jesucristo la llave, la música, el sol de nuestra existencia. Desde esa llave la vida es nueva. Desde esa música el mundo es más amable. Desde ese sol no vivimos más en oscuridad.

¿Por qué entonces nos ponemos candados en el cuello? ¿Vivimos sin clave ni ritmo? ¿Regresamos a la oscuridad? Cuando en la iglesia y en nuestras vidas la obediencia, la disciplina, el orden, las obras y las acciones que realizamos se convierten en el centro y testimonio mismo de la fe, entonces hemos apartado el centro y la dirección de la acción de Dios de forma que desvalorizamos al Cristo que confesamos. Cuando reclamamos privilegios en la tierra y en el cielo por los años que llevamos en la iglesia, por las ofrendas que damos, por el tiempo que dedicamos al Señor, por la santidad que destilan nuestras acciones, y esto es en la práctica el centro de la vida que vivimos, entonces hemos desviado la dirección del Espíritu de modo que cierra los candados, apaga la música y trae nubes de oscuridad. Y cuando les exigimos a los recién llegados otra cosa que no sea escuchar con atención, vivir apegados y respirar con confianza lo que viene desde este Jesús que murió y resucitó, nos convertimos en amigos de los judaizantes de los gálatas. «Aquel, pues, que nos suministra el Espíritu, y hace maravillas entre nosotros, ¿lo hace por las obras de la ley, o por el oír con fe?» (3:5).

Existe otra manera de mirar los primeros dos capítulos de Gálatas y los primeros cinco versículos del capítulo tres. Podemos investigar la controversia desde la perspectiva del poder y de la autoridad. ¿Quién tiene, quién desea, quién reclama, el poder? El argumento de Pablo es que el concilio de Jerusalén dilucidó el asunto y distribuyó el poder equitativamente. Jacobo, Pedro y Juan les dieron la diestra a él y a Bernabé en señal de compañerismo (2:9). Dar la mano derecha era señal de amistad y acuerdo. El acuerdo establecido es que hay dos maneras de proclamar el mismo evangelio, de modo que cada una de ellas atiende a la realidad particular de los oyentes. Se afirma la validez y eficacia del evangelio y las particularidades de la localización geográfica, cultural e histórica tanto de los que escucharían a Pedro —los de la circuncisión— como de los que escucharían a Pablo —los gentiles. El acuerdo es que hay igual acceso por el mismo Cristo, que no es sino uno solo. Se crea una comunidad alrededor de una misma fe en Jesucristo, y esa comunidad compartirá todas las cosas (2:10; Hch 4:32-33).

El argumento de Pablo es que no se ha vivido ni validado el acuerdo. Los líderes que no son pilares ni reconocidos quieren asumir la autoridad y el poder. Quieren decidir por los gálatas. Desean quitarles derechos y someterlos al cumplimento de lo que el acuerdo en el concilio de Jerusalén dejó fuera e identificó como innecesario. Se puede decir que se desean establecer ciertos requisitos mínimos de uniformidad de modo que todos crean, proclamen y den testimonio de lo mismo. Esta uniformidad es el cumplimiento de la ley, especialmente la circuncisión. La fe, sin nada más en el crucificado que resucitó, les parecía peligrosa. Podría resultar en desorden y caos. Podría erosionar el poder de los de Jerusalén. Esta preocupación tal vez era mayor porque la iglesia que estaba creciendo era precisamente la de los gentiles. Al limitar el acceso por los requerimientos de la ley se controla el poder.

Ahora bien, ¿para quién reclama Pablo el poder y la autoridad? ¿Para sí mismo? ¿Y para qué quiere Pablo este poder y autoridad? Pablo se describe como siervo —esclavo— de Cristo (1:10). Su reclamo es para que se validen y vivan los acuerdos establecidos por el apretón de manos en Jerusalén, por razón de los cuales inclusive regañó a Pedro (2:11). Su llamado a los gálatas es a no dejarse convencer por los hechizos de los que les requieren la circuncisión y exhortarles para que reclamen para sí mismos la igualdad que la muerte y resurrección de Jesucristo les había ya concedido. Pablo reclama el poder y la autoridad para su amo

Jesucristo y lo hace para preservar la comunidad que compartirá todas las cosas y donde el acceso es igual para todos.

Ahora bien, ¿cómo se identifican, se manejan y se distribuyen el poder y la autoridad en nuestras comunidades? ¿En nuestras iglesias? ¿En nuestros hogares? ¿Quiénes tienen control sobre el acceso a los recursos? ¿Cómo manejo yo el poder y la autoridad que se me han concedido? ¿Y qué dice esta carta respecto a todo esto? Pablo mismo nos ayuda a contestar estas preguntas más adelante.

i. El Espíritu se recibe por la fe (3:1-5)

Gálatas 3:5 plantea una pregunta que se contesta a sí misma en el argumento que ya ha desarrollado Pablo: «Aquel, pues, que os suministró el Espíritu, y hace maravillas entre vosotros, ¿lo hace por las obras de la ley o por el oír con fe?». La contestación ya ha sido dada en Gálatas 2:21: «No desecho la gracia de Dios, pues si por la ley viniera la justicia, entonces en vano murió Cristo». Esta contestación, sin embargo, necesita explicarse con más detalle. Pablo lo hace presentando el caso de Abraham.

ii. El caso de Abraham (3:6-18)

Pablo es un maestro judío, conocedor e intérprete de sus textos sagrados (1:14; Hch 22:3). Sabe que la historia de su pueblo se inicia con el llamamiento y la vida de Abraham y de Sara. Dios se relacionó con ellos y actuó en sus vidas de una manera especial. Abraham es el padre de la nación. El argumento de Pablo a favor de la fe se ubica entonces en el centro mismo de la tradición e historia del pueblo de Israel. Si Pablo tiene éxito en el desarrollo de este argumento hará dos cosas importantes. Primero, explicará la continuidad que existe en la manera en que Dios se relaciona y actúa con los seres humanos desde el judaísmo hasta el cristianismo. Esta continuidad la afirmamos cada vez que utilizamos un texto del Antiguo Testamento para explicar cómo Jesús es el Mesías y cada vez que leemos un salmo —por ejemplo, el salmo 23— identificando al pastor de las ovejas con Jesucristo como nuestro buen pastor. Segundo, y estrechamente relacionado con lo primero, Pablo aquí le provee casa, historia y nación a nuestro Señor Jesucristo. Jesús, por supuesto, era judío. Sus genes eran judíos. Mas la eficacia de la sangre de Jesucristo para nuestra salvación —del Jesús judío que nació de María en Belén— requiere que los creyentes se ocupen no sólo los genes de su raza, sino también de la interpretación de los textos sagrados que hacen que la sangre de un judío sea válida para todo gentil —o, mejor, para todo ser humano.

La historia de Abram —a quien luego se llama Abraham— se narra en el libro del Génesis. Abram, hijo de Taré, de camino de Ur a Canaán, se detiene y se queda a vivir en Harán. Allí recibe el llamado de Dios que le ordena que deje su tierra, su parentela y su casa (Gn 12:1). Dios mismo le mostrará una tierra donde él y sus descendientes vivirán y serán bendecidos hasta formar una gran nación. Dice el Génesis que «se fue Abram, como Dios le dijo» (Gn 12:4). En el texto no hay pausa, pensamiento ni ponderación. Abram simplemente se fue y se llevó con él a Sara y a su sobrino Lot. Al llegar a Canaán, Abram se da cuenta de que es una tierra habitada. Dios le promete que ésa será su tierra y Abram construye allí un altar. Luego van a Egipto porque hay una gran hambre en donde están. En Egipto prosperan y llegan a poseer ovejas, vacas, asnos, siervos, criadas y camellos. La situación se complica en Egipto debido a que Abram, por temor al Faraón, presenta a Sara, una hermosa mujer, como su hermana. Por esto, dice el texto, Dios hirió al Faraón con plagas. El Faraón lo deja ir con todas sus posesiones y todos regresan al lugar donde habían estado y donde habían construido un altar. Abram y Lot eran ya muy ricos y el lugar no era suficientemente amplio para ambos. Lot se separa de Abram y se va hacia la llanura del Jordán, lugar de riego y huerto. Abram acampó en Canaán.

Sucedió entonces que hubo guerra en las tierras donde habitaba Lot y lo tomaron como prisionero. Entonces Abram tomó a sus criados y nacidos en su casa, trescientos dieciocho, y fue y liberó a Lot. Al regreso Melquisedec, rey de Salem, sacerdote del Dios Altísimo, bendijo a Abram y cenó con con él. Entonces Abram le ofrece el diezmo en acción de gracias. En ese mismo viaje Abram es interceptado por el rey de Sodoma, quien había perdido en la batalla donde Lot fue tomado como rehén. Este rey sugiere que Abram se quede con el botín de guerra, pero le devuelva los priosioneros. Abram le responde diciéndole que no tomará nada de lo que es de este rey de Sodoma, excepto la comida y la parte que les corresponde a los varones que fueron con él a liberar a Lot.

Encontramos, pues, a Abram, victorioso en sus faenas de guerra, lleno de posesiones materiales y bendecido por Melquisedec. Lot y Sara están con él. Existe, pues, el germen de un pueblo en gestación. Pero falta la bendición de un hijo para que el germen fructifique. Esa esperanza se esfuma, puesto que Abram ya tiene noventa y nueve años. Mas Dios es un Dios poderoso a quien le gusta realizar lo imposible. Le dice a Abram que no le heredará un esclavo nacido en su casa, sino su propio hijo, y que su descendencia será innumerable como las estrellas del cielo.

Esta historia, y este momento, están grabadas en la memoria de todo israelita. Aquí mismo está el inicio de su pueblo, desde la promesa hecha a este hombre. Y aquí mismo fundamenta Pablo en su argumento la eficacia de la sangre de Jesucristo y la validez de la fe en Jesucristo para los no judíos. Dice Pablo citando al Génesis: «Así Abraham creyó a Dios, y le fue contado por justicia» (Gn 15:6). Aquí hay tres palabras importantes, «creyó», «contado» y «justicia». Este «creyó» del que habla Pablo es tener fe, confianza, seguridad, en Dios. Abram tuvo confianza, fe, seguridad en Dios. Esta fe fue el asiento desde donde Abram respiró y vivió su vida hasta convertirse en Abraham, cuyo nombre quiere decir «el padre de una multitud». (Gn 17:5).

Ni las riquezas, ni las posesiones, ni las victorias militares fueron más valiosas para Abraham que su confianza, certeza y fe en la promesa de Dios. Esta fe que Abraham tuvo en Dios, dice Pablo, le fue contada por justicia. Este «le fue contado» es algo pasivo, es algo que Abraham recibe. Es un crédito, un tomar en cuenta, un cálculo a favor de Abraham. La fe de Abraham, quien se abandonó en Dios y confió absolutamente a pesar de que todas las señales de su vida y de su cuerpo le decían que era pecador (el asunto de Sara y el Faraón) y que no podría tener un hijo (tenía noventa y nueve años) le fue acreditada, le fue tomada en cuenta por Dios —por razón del amor de Dios y no por las fuerzas de Abraham— como justicia. Entonces tenemos que la fe que tuvo Abraham en Dios le fue acreditada —desde el banco de Dios— por justicia.

Esta palabra «justicia» aquí es importante. Se refiere a la justicia y a la rectitud de un juez. En lo moral denota las características que una persona dedicada a Dios debe poseer. «Justicia» aquí es la fuerza que hace a la persona intentar cumplir con los mandamientos de Dios, la motivación, el motor de energía con que nos lanzamos a la vida. Además de todo esto, Pablo aquí se refiere a la manera en que los seres humanos experimentamos la gracia de Dios. Dios le ha acreditado a Abraham la justicia y la rectitud divinas. Lo ha vestido de gracia. Abraham ha recibido las promesas de Dios como la brújula de su existencia. Abraham escuchó las promesas de Dios en medio de su ancianidad. Desde su imposibilidad física y desde sus limitaciones humanas esta promesa recibida le hizo a Abraham tener fe en Dios, y abandonarse en sus brazos. Esta es la experiencia primaria desde donde surgen el pacto y el pueblo de Israel. La experiencia de un Dios que viste a Abraham de justicia y rectitud.

Así, pues, no son los genes, ni la historia, ni la circuncisión las garantías de genealogía salvífica. Es esta fe en las promesas de este Dios. Los que son de esta fe son hijos de Abraham (3:6b). Los gálatas son de esta fe. Dios, en su sabiduría y conocimiento, incluyó a los gentiles en la promesa hecha a Abraham. Abraham fue recibido y aceptado por Dios por la fe y desde la justicia y la rectitud de Dios, del mismo modo que han sido recibidos y aceptados los gentiles. Esta aceptación ha sido realizada antes del establecimiento del pacto y antes de los requerimientos de la ley. Y por supuesto, también antes del establecimiento de la circuncisión como señal del pacto. Entonces no es necesario que los gentiles se circunciden ni cumplan y obedezcan requisitos de la ley para ser considerados descendientes y herederos de Abraham. La fe que viene de la rectitud y la justicia que Dios otorga es suficiente.

Pablo va más allá. Su argumento no sólo incorpora a los gentiles en la primerísima experiencia del pueblo de Israel con Dios, sino que identifica la ley como maldición, como impedimento, en la relación de salvación entre Dios y el ser humano. Como maestro aventajado de la ley Pablo utiliza y amarra en su argumento varios textos del Antiguo Testamento. Pablo hila su argumento utilizando, entre otros, textos del libro de Génesis y de Deuteronomio. Los gálatas han sido incorporados en la historia de la salvación porque Abraham le creyó a Dios, y esta fe, como la de los gálatas, le fue contada por justicia (Gn 15:6). Esta fe es el fundamento de la bendición a todas las naciones (Gn 12:3; 18:8); la promesa y bendición anunciada en Génesis 12:3 y confirmada en Habacuc 2:4 (Ro 1:7) va pareada de una maldición. Esta maldición, como ya vimos, es identificada por Pablo con la ley. La ley es lo que impide una relación genuina y honesta con Dios.

Pablo utiliza un método rabínico de argumentación para sustentar su postura. Combina o une dos textos de Deuteronomio mediante la palabra «maldición». La maldición que viene al ser humano por no confirmar, por no realizar las palabras de la ley en sus acciones y modo de vivir, (Dt 27:26) es la misma maldición que puso a Jesucristo en un madero

(Dt 21:23). Es decir, que los que confían su salvación al cumplimiento rígido y absoluto de la letra de la ley son los que crucificaron a nuestro Señor Jesucristo. Esta confianza extrema y ciega en el cumplimiento de la ley cegó los ojos de los que dijeron «crucifícale» en Jerusalén, y ciega los ojos de los que intentan hacer que los gálatas se circunciden y cumplan con leyes dietéticas y de otra índole como requisito de entrada a la comunidad cristiana.

Aquí entonces «ley» no se refiere tanto a los estatutos y decretos que encontramos en el Antiguo Testamento o al Antiguo Testamento mismo, sino a la confianza y seguridad de que el cumplir, obedecer, realizar lo que ellos mandan es fuente de salvación. La palabra «ley» pasa a identificar una actitud, una manera de vivir, una presuposición de salvación que antepone la obediencia misma y la capacidad humana para obedecer como garantía de salvación. El ejemplo de que da testimonio la carta es la necesidad de circuncidarse como requisito previo a la promesa y bendición recibida por Abraham mediante la fe. En el tiempo de la reforma protestante la venta de indulgencias se convirtió en una nueva circuncisión al presentarse como una manera de obtener la salvación.

Veámoslo, antes de proseguir, desde los ojos de Cristo en la cruz. Si el cumplir unos requisitos —en este caso la «ley»— se convierte para todos los fines prácticos de la vida misma en el cofre o santuario donde ponemos toda nuestra confianza y esperanza de salvarnos, entonces Jesucristo murió en vano. Su sangre se puede convertir, en este panorama, en una simple confirmación —automática, inquebrantable, hueca— de lo que logra, en última instancia, el cumplimiento de los requisitos prescritos. Pablo, atento y conocedor de todas las maneras en que los seres humanos tergiversamos y manipulamos las cosas para mantenernos en control y arrimar la brasa a nuestro favor, descubre y desnuda la ley misma, la obediencia misma, la vida cristiana misma, como escondite de nuestro egoísmo y como moneda de intercambio y chantaje frente a Dios. En el hecho mismo de nuestra salvación, cuando estamos frente a Dios y frente a nuestras limitaciones humanas, sólo Cristo salva.

iii. El propósito de la ley (3:19-29)

¿Para qué sirve la ley entonces? ¿Qué me enseñan, que descubren, que identifican, los decretos y estatutos de la ley? Más aún, ¿cuál es el propósito mismo de la ley en nuestras vidas? De nuevo, el asunto en cuestión es el momento mismo de la salvación. Es nuestro encuentro con Dios en la cruz y con nosotros mismos frente a la cruz. Esta posición tan extraordinaria de Gálatas de enfrentarnos al momento mismo de la salvación, al enunciado mismo de la salvación como buena noticia de parte de Dios en Jesucristo, es una diferencia significativa con la Carta a los Efesios que estudiaremos más adelante. La Carta a los Efesios es una reflexión en una comunidad, y en una comunidad madura y ubicada en el meollo de la vida cristiana. Gálatas dilucida la entrada misma a esta comunidad mediante la sangre del cordero.

La ley sirve para señalarnos el pecado. La ley sirve para ayudarnos a vivir en orden y civilidad entre los seres humanos. La ley es nuestro cuidador en el reino de lo humano y la flecha que, señalando nuestra incompetencia e imposibilidad de amar a Dios sobre todas las cosas y nuestra tendencia a amarnos a nosotros mismos sobre todas las cosas, nos lleva al pie de la cruz. Recordemos: no estamos en el paraíso ni estamos en el reino de Dios. Estamos aquí, en la vida y la realidad de todos los días, en la región de Galacia, cosmopilita y traficante de esclavos. Estamos en Orlando, en Los Ángeles, en Brooklyn y en Bayamón. Estamos en el tránsito congestionado de la ciudad, en medio de deudas, en conflictos de trabajo y de familia. Estamos aquí, en la vida de todos los días. Y la vida de todos los días nos dice que nuestra humanidad pesa más y toma más decisiones a favor de nuestros intereses que todas las intenciones, todos los afectos y todo el amor que de ella salen por Cristo y para Cristo.

Tal vez sea apropiado ofrecer un ejemplo. ¿Cuál es la primera reacción que sale de nosotros cuando alguien nos dice: «¡No! ¡No hagas eso!». Pablo mismo identifica nuestra primera reacción en la carta a los Romanos. Conocemos lo malo por su identificación como malo (¡No!) y todo lo bueno que deseamos hacer se enreda y confunde siempre con lo malo que no deseamos realizar (Ro 7:7-20). Nuestros pensamientos, nuestras emociones, nuestras intenciones y acciones nos traicionan. Aun el bien que intentamos relizar se confunde con actitudes y pensamientos encontrados. Desde el asiento de nuestra humanidad no hay salida. Esto, en mi opinión, era la genialidad y el secreto de Juan Wesley en sus sermones y, a partir de él, de los sermones de evangelismo. Tales sermones localizan, ubican, posicionan al ser humano en el predicamento mismo de su humanidad —identificada como pecado— y luego le presentan a Jesucristo. Lo mismo hace aquí Pablo. El propósito de la ley es hacernos conscientes de nuestras transgresiones, de nuestro pecado, de nuestras limitaciones y de nuestra absoluta necesidad de Dios.

La pregunta inevitable que enfrentamos es: ¿Es válido este argumento en el tiempo en que vivimos? Parecería que esta pregunta es tan innecesaria como intentar contar cuántos ángeles caben en la cabeza de un alfiler. Parecería que es obvio que el argumento de Pablo es válido hoy como lo fue en la segunda mitad del primer siglo de nuestra era, cuando los gálatas escucharon la carta por primera vez. Pero yo pienso que algo ha sucedido desde entonces. El conocimiento humano, la manera en que se organiza y se convive en sociedad, lo que pensamos de nosotros mismos y de las capacidades que poseemos, todo esto es diferente hoy. Cuando Pablo escribió esta carta lo hizo en papiro y envió la carta con mensajeros que viajaron por semanas a pie. No habían computadoras ni máquinas de facsímiles. No había internet, ni carreteras, ni automóviles. El ser humano no poseía retratos de la tierra tomados desde el espacio, ni podía ver los glóbulos rojos y los blancos de la sangre en un microscopio. La noche de Pablo era completamente oscura y la luz que le iluminaba al escribir era de velas, de lámparas de aceite o de antorchas. Más aún, no conocía cómo iba a ser el tiempo al otro día, si iba a llover o se acercaba una tormenta o un torbellino. Ni los médicos poseían los instrumentos, las medicinas, ni el saber para tratarle lo que él llamaba su aguijón —cualquier cosa que éste fuese.

La pregunta se puede hacer de otra manera: ¿quién es el ser humano? Y además, ¿cómo se maneja el ser humano frente a Dios? A favor del ser humano podemos catalogar, además de la situación histórica difente a la de Pablo que enfrentamos hoy y descrita parcialmente en el párrafo anterior, una lista impresionante de logros: el manejo de la salud y los transplantes de órganos, el desarrollo político vigente en muchos lugares del mundo que intenta distribuir mejor el uso y traspaso del poder de una manera pacífica, la creación tecnológica que hace disponible un teléfono sin alambres que obtiene información del mundo entero y que se comunica con cualquier persona en cualquier momento en cualquier lugar del planeta, la investigación que explora cómo funcionan las sociedades y cómo funcionamos los seres humanos física y emocionalmente, y hasta el control mismo de las emociones, de nuestras reaccioneos físicas y de la manera en que nos relacionamos con la naturaleza. Las matemáticas y las ciencias naturales explican casi todos los fenómenos y procesos que nos afectan y rodean. Los militares calculan y lanzan proyectiles que destruyen objetivos a miles de millas de distancia. En fin, hoy día el ser humano parece controlarse y controlar su medio ambiente.

¿Cómo nos atrevemos entonces a pensar o sugerir que confiar en nuestras propias capacidades para obedecer unos decretos y estatutos de una ley escrita por una antigua civilización puede ser la descripción más precisa y realista de las posibilidades y limitaciones humanas? ¿Cómo esta ley nos ayuda a preservar el orden y la civilidad en el panorama de una sociedad del siglo XXI, que transita por autopistas a gran velocidad y que se hace presente en cualquier lugar y en cualquier momento por la internet? ¿Qué es este pecado, que identifica y apunta a nuestra más fundamental limitación frente a Dios? ¿Y quién es y qué hace este Dios, empujado a sobrevivir en una esquina de la plaza, rodeado de cánticos particulares, procesiones periódicas y un lenguaje ya difícil de entender? ¿Vale aún hoy lo que les dice Pablo a los gálatas?

La ley aquí en gálatas se refiere, como ya dije, a la confianza y seguridad nuestras en que la obediencia y el cumplimiento a la letra, a la mecánica, a la lista misma de estatutos y preceptos contenidos en ella es suficiente para ser contado a favor de nuestra salvación —a favor de nuestra felicidad, de nuestra saludable y vital relación con Dios— y en consonancia con el propósito y destino final del plan de Dios para el universo. Confiar así en la ley es como confiar en las matemáticas para que describan y expliquen la totalidad de la realidad que vivimos. Confiar así en la ley es como poner nuestra fe en la trayectoria de un proyectil para alcanzar la paz. Confiar así en la ley es como derramar toda nuestra inteligencia, todo nuestro afán, todos nuestros sentidos y sentimientos, y apostarlos a favor de que podemos construir un ser humano perfecto, una familia sin manchas ni ambigüedades, una ciudad perfecta, un mundo sin pobreza ni injusticia, sólo con desearlo y congregar todas las energías de todos los seres humanos en la misma empresa. Suena bonito, pero la historia nos dice que es muy difícil lograrlo.

Por cada avance y por cada adelanto en la medicina, en la salud, en la tecnología, en la política, en la economía, en fin, en cada expresión del saber humano, se puede levantar una experiencia de dolor, de injusticia, de quebranto, de fracaso, de caos, de límites, para la condición humana. El apego a nuestros propios intereses, el egoísmo y la avaricia personal, el conglomerado de malas intenciones y de control del poder social, y el acaparamiento de los recursos naturales y económicos que circulan a nuestro alrededor, han causado y aún causan dolor y muerte a nuestro alrededor. Esto lo podemos ver desde el vecino o la compañera de trabajo que nos exprime o a quien exprimimos, hasta gobiernos y compañías gigantescas que abusan y controlan el poder. Confiar en la ley es enamorarnos de nosotros mismos; es adelantar nuestros intereses y los intereses de los que son iguales a nosotros; es imaginarnos que podemos sustituir a Dios en nuestras vidas. El argumento de Pablo acerca de la ley se sostiene hoy día porque este argumento apunta al asiento mismo del interés propio y del egoísmo humano que utiliza las cosas para su propio beneficio. La ley, utilizada para intentar comprar la salvación, es maldición.

Pero venida la fe, ya no estamos bajo el cuidado del ayo (3:25). Ha llegado Jesucristo. Han llegado la salvación, la felicidad, el propósito de vida y el destino final de nuestra existencia. Ahora bien, ¿se sostiene esta salvación, esta felicidad, este propósito de vida y destino final de la existencia humana en el mundo en que vivimos hoy? La pregunta es importante y se puede hacer de diferentes maneras: ¿Es pertinente la predicación cristiana hoy? ¿Sobrevive el Dios cristiano en la sociedad en que vivimos? Si tu iglesia lucha día a día por sobrevivir y si tu testimonio parece diluirse entre tantas otras alternativas de vida, expresiones de piedad y espiritualidades disponibles en libros de autoayuda, discos compactos, programas de televisión, entonces la pregunta es importante. Si te has preguntado recientemente, ¿cómo hablo de Cristo y cómo mi hablar hace algo por alguien hoy?, entonces debemos intentar contestar esta pregunta.

Una vez más, «pero venida la fe ya no estamos bajo ayo» (3:25). Ha llegado Jesucristo. Han llegado la salvación, la felicidad, el propósito de vida y el destino final de nuestra existencia. Si frente a Dios y frente a nosotros mismos el egoísmo y el interés propio impiden una salida, entonces Jesucristo debe ser anuncio de algo diferente. En primer lugar Jesús mismo debe traernos una nueva manera de ser nosotros mismos, de relacionarnos con nosotros y con los demás, y con Dios. Y en segundo lugar, esta nueva manera de ser humanos debe proponer otra manera de vivir que una y multiplique en vez de restar y dividir. Los versículos finales del capítulo tres nos dicen precisamente esto. Venida la fe, continúa diciendo Pablo, ya no estamos bajo ayo, pues ahora somos hijos de Dios (3:25-26). Somos hijos e hijas de la promesa. Somos recipientes de la salvación.

Al ser hijos, por virtud de Jesucristo, la ley como cuidadora ha sido sustituida y superada por el amor. No que no seamos humanos como antes, sino que ahora nos es contada la cruz de Jesucristo por justicia. No que no seamos humanos como antes, sino que ahora el Espíritu nos empuja y capacita para ser y hacer lo que antes no éramos ni hacíamos. Ser hijos de Dios es la propuesta de una nueva humanidad que encuentra su fuerza, su identidad, su felicidad, su propósito y su destino final en el amor y el plan de Dios expresado y ejecutado en el Gólgota. Ahora la propuesta de lo que deben ser nuestra humanidad, la familia, la sociedad y el mundo adquieren una nueva definición. Lo que identifica ahora la nueva realidad es que es iluminada por la resurrección, y no por el interés propio, ni por la discriminación, ni por el adelanto de intereses de grupos. Es el estar revestidos con el bautismo de Jesucristo. Es el haber sido sepultados con Jesucristo en su muerte y levantados con él de la tumba oscura. Es ser linaje de Abraham por la promesa. Esta promesa, este amor y este bautismo en Jesucristo nos hacen a todos participantes de las bienaventuranzas del reino. Ahora, dice Pablo, ya no hay divisiones entre los seres humanos; ahora no hay judío ni griego, esclavo ni libre, hombre o mujer. Ahora todos somos iguales y uno en Cristo. La propuesta es extraordinaria. Ante la insistencia de los judaizantes en el requisito de la circuncisión, y ante la insistencia de lo humano en cumplir una justicia de trueque, Pablo ofrece un bautismo fundado en las promesas de Dios, ofrecidas gratuitamente y recibidas por la fe y en acción de gracias. Ya no es válida la oferta de indulgencias o de cosas parecidas —esto a cambio de lo otro— o la obediencia a los preceptos y mandamientos mediante la fuerza de mis propias capacidades a cambio de la salvación. Ya no hay límites, barreras ni exclusiones en la comunidad humana. La discriminación religiosa y cultural se eliminan: ya no hay judío ni griego. La discriminación social y económica ya no existen: ya no hay esclavo ni libre.

El discriminación por razón de sexo tropieza con esta nueva humanidad: no hay hombre ni mujer. Todos somos iguales y uno en Cristo. Tal vez se podrían frasear estas tres afirmaciones de la siguiente manera: Ya no hay pentecostal ni episcopal, luterano ni discípulo de Cristo, presbiteriano ni bautista, ni católicorromano; ya no hay mexicano ni puertorriqueño, colombiano ni norteamericano, alemán ni cubano: todos somos iguales y uno en Cristo Jesús. De igual manera ya no hay desempleados ni doctores, ingenieros ni colectores de basura, presidentes ni opositores políticos. Ya no existen diferencias entre Canadá y Tierra de Fuego, ni fronteras entre México y Estados Unidos: todos somos iguales y uno en Cristo.

Finalmente, no hay ya diferencia entre cocinar y trabajar en la construcción, entre cuidar los niños y llevarlos a la escuela y administrar un comercio o una tienda de víveres. No hay distinción entre ver una novela o una pelea de boxeo: todos somos iguales. Todos somos uno en Cristo Jesús. Más aún, no existe diferencia alguna en cuanto a la dignidad, el amor y el valor de cada persona delante de Dios por razón de su sexo. Desde esta igualdad delante de Dios vivimos en igualdad y dignidad los unos frente a las otras en el trabajo, en la casa, en la intimidad, en la vida misma. Desde la ley y la humanidad que nos limita, reconocemos las particularidades y peculiaridades de nuestras historias, de nuestras culturas, de nuestras tradiciones cristianas y de nuestra realidad de género. Desde el amor de Dios y los ojos de Jesucristo en la cruz reconocemos y trabajamos por un presente y un futuro sin distinciones ni subordinaciones.

Todo esto es posible por Jesús, nacido de mujer y nacido bajo la ley (4:4). Es decir, limitado en su humanidad por lo que nos limita. Mordido y zarandeado por todo lo que nos muerde y zarandea. Mas en su divinidad, es capaz de redimirnos, capaz de soltar las cadenas que nos aprisionan y nos restringen por virtud de ser la Palabra de Dios enviada y encarnada. Desde la heredad que Jesucristo ha traído para nosotros afirmamos la inauguración de una nueva humanidad y la vida en esperanza de esta nueva humanidad por el poder del Espíritu y en la expectativa de la llegada en todo esplendor del reino de Dios.

La mano de Dios, a través de la carta de Pablo, ha movido el entendimiento de los cristianos de la región de Galacia, así como nuestro entendimiento, en una nueva dirección. Esta nueva dirección de la acción de Dios en la historia y en nuestras vidas es clara y contundente; va de lo limitado y enano de nuestros prejuicios y limitaciones a la inclusividad y dignidad en el cuerpo de Cristo. A diferencia de la propuesta de los judaizantes —que excluía a los gálatas de los beneficios de la justificación si no se circuncidaban primero— esta nueva manera de ver el mundo y la realidad misma desde la cruz incorpora a los gálatas sin excluir a los propios judaizantes. Aun quienes nos excluyen están incluidos en virtud del valor inconmensurable del acto poderoso de Jesucristo en la cruz.

iv. Exhortación contra el volver a la esclavitud (4:1-11)

Pablo continúa su argumento ofreciéndoles a sus lectores una comparación cercana a la vida que los gálatas tenían antes de haber escuchado el evangelio. Cumplir y confiar en el cumplimiento estricto de los detalles y las minucias de la ley sería como regresar a los dioses paganos que ellos servían antes (4:8-11). ¿Por qué se amarran si han sido ya desamarrados? ¿Por qué regresan a lo viejo y se miden cadenas ajenas cuando han sido ya liberados y vestidos de salvación? Así como en el pasado sus días y sus vidas se cristalizaban alrededor de ceremonias para celebrar la naturaleza y los cuerpos celestiales como la luna y el sol, amarrarse ahora a la celebración de fiestas y fechas judías como la pascua y pentecostés, el año de reposo y el del jubileo, y separar el sábado como el día del Señor, sería inapropiado e inútil. Ya ustedes, les dice Pablo, han sido conocidos por Dios (4:9).

La tentación es grande. La tentación es encontrar maneras de racionalizar nuestra relación con Dios y formas de establecer un sistema que documente nuestra contribución, nuestra inteligencia y nuestra valía en el mismo momento en que Dios nos regala a su Hijo Jesucristo. De esta manera sentimos que tenemos algún control sobre la situación. ¿Algo tenemos que hacer, o no? Podemos hacernos, como los gálatas de antes, sacerdotes de la naturaleza que miden y reconocen las fases de la luna; o como los gálatas de ahora, que desbordan toda su esperanza y reducen todo su consuelo en la invitación de los judaizantes a incorporar en su experiencia religiosa la ley y la circuncisión. De igual modo tanto los gálatas como nosotros perdemos de vista lo absolutamente vital e importante y reducimos la salvación a una transacción de cajero automático: yo hago esto y así recibo aquello.

Antes de acusar a los gálatas de debilidad espiritual o de acomodo estratégico debemos intentar parear su situación a la nuestra. ¿Qué de lo viejo en nuestras vidas atrae nuestra fidelidad y embota nuestra voluntad para acomodarse entre nosotros y Jesucristo, apartándonos así de él? ¿Qué de lo nuevo a nuestro alrededor nos embelesa y manipula de modo que lo cambiamos por Jesucristo? Cada vez que alguien en la iglesia intenta explorar formas nuevas de adorar, de hacer evangelismo, de administrar o de predicar, una de las primeras frases que retumban en el templo es, «Aquí siempre lo hemos hecho de esta manera». No que cambiar por cambiar sea siempre bueno; pero tampoco todo tiempo pasado fue siempre mejor. De igual manera, el incorporar indiscriminadamente melodías musicales, elementos tecnológicos, estrategias de publicidad y mercadeo en nuestras congregaciones, por más tentadoras y motivadoras que sean, no siempre resultan ser prácticas fieles y apropiadas a la tarea que Dios le ha conferido a su iglesia. La pregunta que les hace Pablo a los gálatas es la misma que nos hace a nosotros: ¿Dónde queda Cristo? ¿Cómo lo que hacemos, o lo que dejamos de hacer, en cada aspecto o actividad de la vida de la iglesia proclama a Cristo?

De igual manera sucede en nuestras vidas. ¿Qué costumbres, antojos, estilos de vida, ideologías políticas, maneras de referirnos a vecinos y extranjeros, arraigados en la familia y en nuestras vidas, cargamos y validamos todos los días automáticamente sin pensar en cómo todo esto da testimonio de nuestro Salvador? ¿Cómo el comprar y asumir deudas sin tener un presupuesto adecuado, la dieta, la forma de vestir de última moda, los libros de autoayuda, y tantas otras cosas nuevas, pueden incorporarse a nuestras vidas sin que afecten o sustituyan a Jesucristo como nuestro centro y nuestro respirar? Los gálatas, tambaleantes y acosados, se encuentran en un momento crucial de sus vidas. Pablo les ha identificado y descrito la situación y les exhorta a recordar el momento en el que «fueron conocidos por Dios», donde encontrarán las fuerzas que necesitan, provistas por el Espíritu, para vivir desde el regalo que les ha hecho Dios en su Hijo Jesucristo.

b. Llamado emotivo (4:12-20)

Para concluir su argumento Pablo apela a la relación que existe entre él y las comunidades de Galacia (4:12-20). Esta manera de concluir indica que Pablo no es sólo maestro de la ley, sino que es también conocedor de la cultura que le rodea. Como dije en la introducción, Pablo sabía cómo hablar y qué decir en ambos idiomas —hebreo y griego— y se desenvolvía en ambas culturas. Según las reglas de la retórica griega, todo argumento debía concluir con una apelación a las emociones como último argumento de prueba. ¿Cómo les voy a engañar, a confundirlos y extraviarlos, si ustedes me recibieron y me trataron como uno de los suyos? ¿Cómo a gente que amo tanto voy a mentirles en la experiencia más importante de sus vidas? ¿Cómo voy a jugar con su salvación? Ustedes me recibieron como extranjero y enfermo, y me trataron como un ángel de Dios. La referencia a la enfermedad de Pablo se puede relacionar con su famoso aguijón (1 Co 12:7-10), pero la ausencia de detalles imposibilita el determinar con precisión de qué enfermedad se trata. Esta enfermedad fue la causa de la llegada de Pablo a la región por primera vez. La referencia aquí en Gálatas es a la visión —o falta de ella— que le llevó hasta ellos.

El comentario de Pablo de que «si hubieseis podido, os hubierais sacado vuestros ojos para dármelos» es invitador. Puede ser una referencia a su experiencia de conversón (Hch 9, especialmente los versículos 9 y 18), cuando quedó como ciego, y se podría también relacionar esta experiencia de falta de visión con su aguijón y con su situación al visitar por primera vez la región. Tomada como una frase simbólica, ésta enfatiza que los gálatas hubieran hecho lo humanamente imposible por ayudarle, y que tanto Pablo en su vida anterior como los gálatas estuvieron ciegos al evangelio. Lo importante aquí es la manera en que los gálatas recibieron y trataron a Pablo y la relación que se estableció entre ellos. Pablo reclama y apela a esta relación en un momento importante de la vida de sus amigos.

Pablo parece adelantarse a la respuesta de sus amigos. Las personas que requieren de ellos algo más que Cristo para la salvación y para pertenecer con dignidad a la familia cristiana parecen cuidarlos y quererlos, pero no es así. El amor se demuestra en la presencia y en la ausencia; y más aún, el cuidado y el amor se demuestran cuando la preocupación es porque ellos ya no son amigos sino hijos, según les dice, y vayan creciendo y madurando de la misma manera que un embrión va creciendo y madurando en el vientre de una madre. Lo que Pablo dice es que le gustaría estar ahora con los creyentes en Galacia, cuando son acosados y abrumados por este falso celo de tales maestros, para cuidarles de esta manera. Toda la proclamación y trabajo de Pablo han sido, precisamente, para que los gentiles se formen en Cristo, es decir, para que su crecimiento y madurez en la fe sean tales que Cristo viva en ellos y, como dice Pablo en otro lugar, que tengan «el mismo sentir que hubo en Cristo Jesús» (Flp 2:5ss).

c. Ejemplo adicional: Sara y Agar (4:21-31)

Los versículos finales del capítulo cuatro son un regreso al tema de la ley, esta vez utilizando el ejemplo de Sara y Agar. Estos versículos finales del capítulo cuatro son algo difíciles de entender. Martín Lutero dice en su comentario a los Gálatas dos cosas que me parecen importantes aquí. Dice, en primer lugar, que el apóstol pudo haber terminado su carta aquí. El argumento está hecho y todo lo que se puede decir se ha dicho. Lutero dice, en segundo lugar, que el interés de Pablo por estar presente junto a los gálatas para personalmente hablarles y convencerlos es tal que —aparentemente motivado por sus comentarios de que necesitaban ser formados en Cristo como se forma un niño en el vientre de una madre— les presenta su interpretación del relato de Sara y Agar.

Esta sección, como bien dice el mismo autor, es una alegoría (4:24). Es un relato que se presenta como ejemplo y que sirve de manera simbólica para pintar una imagen de lo que se ha establecido como argumento. Aquí ese argumento puede verse como un detalle de amor, como énfasis adicional e ilustración de lo que Pablo ya ha dicho. Si quitamos estos versículos de la carta ésta no pierde nada de su contenido. La interpretación que ofrece Pablo de la historia de Sara y Agar no es tradicional ni es amable para los oídos de la tradición judía. El interés de Pablo en erradicar la amenaza de los judaizantes lo pudo haber llevado a expresar su celo por los gálatas de la misma manera en que lo criticó anteriormente (4:17). Más aún, al aceptar de manera automática y sin reflexión estos versículos corre el riesgo de convertir el evangelio de Jesucristo en lo que Pablo exitosamente ha desarticulado: en ley. Aquí «ley», no lo olvidemos, es una actitud, una presuposición, una manera de vivir que excluye la acción divina y confía en sus propias fuerzas y posibilidades para agradar a Dios y obtener la salvación. Leamos estos últimos versículos del capítulo cuatro como la carta de un padre preocupado o una madre angustiada que, ante la posibilidad de perdición de sus retoños, extiende y repite su argumento para que de alguna manera éste no caiga en oídos sordos.

En la tradición judía, Abraham y Sara son los recipientes de las promesas de Dios y el tronco del pueblo de Israel. Este pueblo es liberado por Dios de su esclavitud en Egipto y recibe las tablas de la ley —el documento que confirma y articula la relación de ese pueblo con Dios— de manos de Moisés en el monte Sinaí. Agar es la esclava de Abraham y Sara que, durante el tiempo en el que pensaban que Sara no podría darle hijos a Abraham, obedeció el mandato de Sara y les sirvió de madre sustituta. De esta unión nació Ismael, quien es entonces hijo de Abraham según la carne. Pero éste no es hijo de la promesa hecha a Abraham, a quien Dios había prometido una gran descendencia de Sara. Luego, cuando finalmente nace Isaac de la anciana Sara, y la burla de Ismael asusta a Sara, el relato de Génesis narra cómo el camino de Agar e Ismael se separa del de Sara e Isaac. La simiente de la promesa continuará en Isaac, aunque Dios, aun en la separación de Agar e Ismael y su huida al desierto, les provee agua y les promete que serán una gran nación, pues Dios es bondadoso aun en la separación y la bifurcación de la simiente en dos naciones y dos tradiciones religiosas.

Pablo reinterpreta este relato alegóricamente, a la luz del conflicto de las comunidades cristianas en la región de Galacia con los cristianos que venían de Jerusalén con ideas «judaizantes». Agar es natural de Arabia, y los árabes llamaban al monte Sinaí el monte Agar. Entonces Sinaí es el monte de los hijos de los esclavos como Agar, y allí se establece una heredad que es de esclavitud física y genealógica. En el monte Sinaí se recibió la ley para el pueblo que habita en la ciudad de abajo, la ciudad física de Jerusalén. La simiente que de Agar procede, aunque viene de Abraham, es sólo genética y física, y no por la promesa. La simiente de Abraham y Sara no es una simiente puramente física ni genética, sino la simiente de la promesa. Los herederos de esta simiente por la promesa son los habitantes de la Jerusalén de arriba, la espiritual. De esta simiente participan los hombres y las mujeres de la región de Galacia que escucharon el evangelio de la boca de Pablo. Los cristianos de Jerusalén que le requieren el pasaporte judío —el cumplimiento de fechas y días y de la circuncisión— son de herederos de la simiente física y genética y habitantes de la ciudad física de Jerusalén, pero no de la promesa. Los gálatas son hijos de la promesa. Los judaizantes, de la esclavitud. Y si son libres por la promesa, ¿por qué, les suplica Pablo, desean regresar a la esclavitud?

4. Exhortación o instrucción ética (5:1-6:10)

a. Estad firmes en la libertad (5:1-15)

Del argumento anterior el autor deriva algunas exhortaciones e instrucciones. Esto es característica común en otras cartas de Pablo, que pasan de la discusión teológica a la aplicación práctica. El comienzo mismo de esta sección es enfático y firme: «Estad, pues, firmes en la libertad con que Cristo nos hizo libres». Pablo, con tono potente y fuerza motivadora, les dice: levántense, plántense bien, todos de pie para afirmar y reclamar la libertad que nos ha regalado nuestro Señor Jesucristo. El argumento que ha rescatado la libertad para los gálatas en medio de la presencia de alternativas de esclavitud necesita ahora una postura, un compromiso claro y distinguible que levante a Cristo como su bandera. Se pide, más que una acción momentánea de efervescencia y alegría, una actitud ante la vida que sea fruto de un encuentro con el crucificado que también resucitó. Es esta actitud de libertad en Cristo la que lleva a Pablo a proclamar en otros lugares propuestas de vida y libertad extraordinarias como «Si Dios es por nosotros, ¿quién contra nosotros?» (Ro 8:31), y «Para mí el vivir es Cristo y el morir es ganancia» (Flp 1:21). Es la misma postura y reclamo de vida y dignidad de los reformadores del siglo XVI y de Martin Luther King, Jr., hace cuatro décadas, en su lucha por los derechos humanos y civiles de nuestros hermanos y hermanas afroamericanos en los Estados Unidos de América. Es la forma que toma nuestra humanidad en Cristo (4:19).

Esta libertad es como la fuente de la juventud para nuestra humanidad. Es el lugar donde encontramos lo que necesitamos para enfrentar los problemas y situaciones que nos presenta la vida. Es el bálsamo de alivio que resulta de la gracia de Dios derramada para nosotros en la encarnación de nuestro salvador Jesucristo. Se juntan en este primer versículo del capítulo cinco la palabra y la acción, y todo resulta en una práctica de vida. Mejor todavía, la Palabra misma es la acción que reclama y establece nuestra libertad. Pablo ha demostrado con destreza y excelencia la validez radical de la sangre de Cristo para nuestra justificación. Ha desencadenado nuestra humanidad de lo que la amarra a sus enredos y laberintos en toda clase de acciones que obstaculizan nuestra visión de la cruz —llámese ley, circuncisión, inteligencia, liturgia y doctrina, arrogancia o pena por nosotros mismos— para que podamos disfrutar de una libertad que se establece y concretiza por el poder del Espíritu. Y ahora llama a lo que es realmente inevitable en un corazón reclamado por la gracia: una vida vivida desde la libertad y en constante doxología.

Sin embargo, el ruido y peso del trajín diario a veces nos confunden y nos hacen tomar alternativas y caminos equivocados. Nuestra sociedad reclama resultados inmediatos y define el éxito como la pura acumulación de las cosas que se ofrecen en la gran tienda de descuentos, en el centro comercial o en los anuncios de televisión. En nuestra sociedad la gente vive para las cosas, y no las cosas para la gente. El no tener provoca el no sentirse uno bien y vivir en ansiedad y depresión. El no tener nos identifica como fracasados, ausentes y dependientes de la sociedad que cada día exige más cosas y provee menos oportunidades. Nótese que digo «el no tener», y no «el no trabajar». Nótese que digo «el no tener», y no «el no esforzarnos» o no empeñar nuestra voluntad y esfuerzo en el intento. El hecho es que en la sociedad en que vivimos no siempre el esfuerzo, el trabajo y el empeño resultan en «tener». En la sociedad en que vivimos la decencia, la ética, la verticalidad, la opción por una vida derecha y bondadosa, no siempre resultan en la afirmación social de la dignidad humana. El resultado es terrible. Es el desencanto, el desgano, el conformismo y el cansancio de los que exprime el sistema económico y que mantienen la vista puesta en lo bueno. Es el riesgo, las pandillas urbanas, las drogas, el alcohol, la traición, la vida mañosa de aquellos que dejan de mirar lo bueno como lo más importante de la vida. El peso y el ruido de nuestro trajín de vida amortiguan la responsabilidad personal, y esconden y disfrazan las fuerzas sociales que nos atacan por todos lados.

El resultado de todo esto es la búsqueda de soluciones instantáneas y fáciles. Es el «pensamiento positivo» que se queda sólo en pensar, y que hunde más y más en la depresión; es el sistema de venta de productos tipo pirámide, que nos promete hacernos ricos de la noche a la mañana y que termina complicando aún más nuestro presupuesto; es el empujar a nuestros hijos a los deportes, no por el deporte y la educación, sino por el sorteo de algunas vacantes en el monte de los atletas millonarios. En fin, es una vida que busca atajos y soluciones sin esfuerzo y que se va alejando del centro de la fuente de la vida y dignidad que es la libertad que Jesucristo nos ha traído a todos.

En este panorama nuestra vida espiritual, maltrecha y moribunda, extiende la mano para buscar un salvavidas cercano y, otra vez, esperamos encontrarlo en los lugares equivocados. Tocamos a la puerta de los árboles y la naturaleza, del yoga, de las velas y de los cristales supuestamente sobrenaturales, de promesas de terceras personas que nos sirven de guía, ya sea con recetas de perdón utilitario, o ya con cartas y caracoles o con horóscopos reciclados. Hasta la iglesia se convierte en un proyecto de cajero automático. Si implementamos esta o aquella estrategia, si realizamos tantas actividades y tantas otras visitas, si todos damos el diezmo (¿la ley?), si oramos con más fervor, nos vamos a sentir mejor. Y terminamos en el mismo lugar, en el mismo salón, con la misma agenda, hablando de lo mismo.

«Estad, pues, firmes en la libertad con que Cristo nos hizo libres». Es difícil, pero todo lo demás nos va a dejar esperando. La vida cristiana es una aventura de libertad que resulta de las promesas de Dios anunciadas y cumplidas en Jesucristo. Vivir desde la libertad es no vivir bajo el yugo de la esclavitud. Es vivir recordando que la ley y la circuncisión son como eslabones de esclavitud que laceran nuestras manos y nuestros pies. Es amarrarse al cumplimiento de cosas externas y ajenas y procurar la justificación propia delante de Dios, mientras de paso desacreditamos e invalidamos la acción y autoridad de Jesucristo en nuestra vidas Nos separamos de la gracia de Dios (5:4). En términos prácticos es cambiar a Dios por otro dios. Y este dios se parece mucho a nosotros mismos.

Ahora no valen para nuestra salvación ni el que nos circuncidemos ni el que dejemos de circuncidarnos. De hecho, Pablo está circuncidado. Es judío. Pero no tiene la circuncisión como garantía de salvación. Tiene a Cristo. Entonces lo que está en controversia no es el acto mismo de la circuncisión, sino la confianza en ella como estatuto y garantía de salvación. Lo importante es la fe que obra por el amor (5:6). Este obrar por el amor que viene de la fe es otra manera de expresar la vida que se vive firmemente en la libertad. La fe como don de gracia pone su vista y se concentra absolutamente en la cruz. El Espíritu provoca en nosotros el que veamos en esa cruz al crucificado, al Hijo de Dios que llegó desde la derecha del Padre hasta el lugar donde vivimos para convertirse en nuestra rectitud y nuestra justicia. La práctica de la libertad cristiana es, pues, el ejercicio de esta rectitud y de esta justicia en el hoy que vivimos en medio de tristezas y alegrías y en la esperanza de la plenitud gloriosa del reino de Dios.

Pablo utiliza dos ejemplos para llamarles la atención a los gálatas e invitarlos a vivir firmemente en la libertad. El primer ejemplo los refiere al coliseo romano y a una de las muchas carreras atléticas que ellos habrían presenciado. Recibido el bastón de parte de Pablo, los gálatas habían comenzado la carrera por el carril correcto y con paso acelerado (5:7; ver 1 Co 9:24). Encontraron un estorbo, un obstáculo, en una de las vueltas de la carrera. Alguien les quiso dar el bastón equivocado durante el intercambio del relevo, y ellos lo tomaron y cambiaron de carril.

El segundo ejemplo los refiere a la cocina. A la masa se le añade un poco de levadura, y esto es suficiente para afectarla toda de modo que crezca y se convierta en pan. Pablo les recuerda a los gálatas con estos ejemplos que el árbitro tiene en su mano la bandera amarilla de advertencia, y que un buen panadero sabe que lo poco afecta lo mucho.

Estos dos ejemplos iluminan también nuestra vida en comunidad. El ejemplo de la carrera nos dice que la vida cristiana requiere concentración, intencionalidad, acondicionamiento y esfuerzo. La libertad de que disfrutamos es un regalo, mas el vivir firmes en la libertad es un compromiso de la fe que se sustenta en el amor. La vida desde esta libertad no se vive por casualidad ni accidentalmente. Cristo murió por nuestros pecados y resucitó para nuestra salvación. La vida cristiana —como una carrera— identifica una comunidad de fe compuesta de personas comprometidas con sus propias vidas, con las vidas de los que les rodean y con la vida y testimonio de la comunidad de fe a la que pertenecen. Si la carrera es un relevo, entonces requiere trabajo en equipo, planificación, armonía y la disposición de un propósito y meta comunes.

De igual manera el ejemplo de la levadura nos dice que es indispensable que nos apoyemos y consolemos mutuamente. Es imperativo que todos tengamos un mismo sentir, el sentir que hubo y existe en Jesucristo, de manera que seamos un cuerpo vivo y vibrante que dé testimonio de Cristo viviendo en justicia y rectitud. De este modo nuestro testimonio personal y colectivo le señalará un camino, una alternativa, una opción y un espacio valioso a la sociedad en general, donde podrá encontrar aliento y descanso de los trajines y empujones que el éxito definido como acumulación de cosas provoca en su mismo seno.

Si no corremos todos la misma carrera, ni nos consolamos y apoyamos de modo que la fortaleza de unos complemente la debilidad de otros, el egoísmo, los intereses, los desquites y las luchas de poder pueden hacer que un poco de levadura fermente todo el pan. La libertad cristiana siempre se vive con tarjeta amarilla. Es decir, así como el árbitro de balompié con la tarjeta amarilla le dice al jugador que sus acciones están siendo vigiladas, así debemos enfrentar este regalo de la libertad, de modo que ni nos confiemos en demasía ni nos asustemos con la libertad. La confianza excesiva en el ejercicio de la libertad cristiana provoca turistas evangélicos. El susto por la libertad provoca sacerdotes de miedo. La confianza excesiva es entender la justificación como algo automático, y la vida cristiana en libertad como una actitud pasiva que permite hacer lo que a uno le plazca mientras espera el reino. Así visitamos nuestras propias vidas como turistas, y de igual modo adoramos y participamos de la vida de la iglesia. El susto por la libertad es pensar que este regalo no es posible, y que algo tenemos que hacer para cooperar de algún modo con Jesucristo en nuestra salvación y así poder disfrutar de sus beneficios. Rodeamos entonces la libertad con toda clase de piedades y con listados y categorías de moralidades para que este asunto del regalo no sea tan embarazoso. Los que nos asustamos del regalo terminamos exigiendo la circuncisión, como los judaizantes de Gálatas.

Por otro lado, el vivir en libertad no significa hacer lo que nos plazca. La libertad no es un incentivo para la condescendencia ni para la complacencia. Ella tiene su fuente en Jesucristo y su energía en el Espíritu. Tiene su espacio en la fe que obra en el amor. Este espacio de acción de la libertad —el amor— tiene un foco que lo dirige: el prójimo. La libertad, les dice Pablo a los gálatas, no es licencia para cualquier cosa. No es el abandono a nuestros gustos y flaquezas, ni la justificación de nuestros peores instintos. Pablo lo expresa diciendo que la libertad no es «ocasión para la carne» (5:13). Amar al prójimo es la manera de vivir en libertad (5:14). Los gálatas no están viviendo esta libertad que se preocupa primero por los demás, sino que se están comiendo y mordiendo los unos a los otros a riesgo de consumirse en sus luchas internas (5:15). La libertad que ejercita la fe en el amor no tiene entre ellos al prójimo como objetivo. La imagen del versículo quince es dramática. Si ustedes los gálatas continúan mordiéndose como las serpientes, devorándose y tragándose los unos a las otras, van a terminar aniquilándose entre sí.

Vivir de espaldas a la libertad que expresa la fe en el amor a favor del prójimo es vivir en esclavitud. Es vivir dominados por la desidia y la dejadez o por una piedad enfermiza. Es mordernos y tragarnos los unos a los otros lentamente por la inercia, ansiosamente, por el abandono a nuestras propias pasiones, o rabiosamente, por la competencia por el poder y por lugares privilegiados de santidad. ¿Qué es lo opuesto de morder, de devorar, de tragar y aniquilarnos los unos a los otros? Es vivir de los frutos del Espíritu.

b. Las obras de la carne y el fruto del Espíritu (5:16-6:10)

Pablo contrasta dos maneras de vivir cuando exhorta a los gálatas a no vivir de acuerdo a la carne, sino de acuerdo al Espíritu. El vivir de acuerdo al deseo de la carne es la iniciativa y esfuerzo de ordenar la vida de acuerdo a la satisfacción de nuestros intereses y privilegiando las cosas materiales. El choque entre el deseo de vivir desde lo material o desde la carne por una parte, y por otra el Espíritu que anima y activa la libertad, puede provocar parálisis e impedir que hagamos lo que es apropiado y justo (5:17). Lo opuesto a vivir de acuerdo al deseo de la carne es vivir de acuerdo a los frutos del Espíritu. Los que son guiados por el Espíritu no necesitan la ley como puente en su relación con Dios y con el prójimo, sino que viven en Cristo, por Cristo y para Cristo, dirigidos no por el amor propio sino por el amor a los demás. Estas dos maneras de vivir se dibujan en dos listas que Pablo les ofrece a los gálatas a manera de ejemplos. Una de ellas dibuja la vida que vive desde la carne y la otra la que vive desde el Espíritu. Éstas son expresiones concretas de lo que Pablo les ha hablado. Son la alternativa entre el ejercicio de una vida esforzada por ordenarse a la luz de sus propios intereses y pasiones y enfocada en las cosas materiales, y otra forma de vida arraigada a la cruz que desea ordenarse por la fe activa en el amor que vive derramándose en el prójimo. Las listas, por supuesto, no son exhaustivas sino modelos representativos que buscan ayudar a los gálatas a examinarse de modo que vivan la libertad manteniéndose firmes en la fe.

En estas listas no hay subordinación ni jerarquía. Tal vez son conductas presentes o conocidas en las comunidades de Galacia. Cada conducta es señalada como apropiada o inapropiada, porque es hija de una manera de asumir y enfrentar la vida. La razón y fuerza que produce la conducta es lo que Pablo señala y subraya. El asiento en la carne o en el Espíritu es el asunto en cuestión. Sería inapropiado reducir la vida al simple seguimiento de una conducta y a la condenación de otras. Hacer esto sería vivir bajo la ley y confiar para nuestra salvación en algo prescrito, que no es Cristo. La vida que se vive desde el Espíritu no asume cualquier conducta y la bendice como apropiada. Eso es vivir la libertad como licencia e incentivo para pecar. Lo importante aquí es no reducir la obediencia a listas de cotejo, sino plantarnos firmemente en la libertad y agarrarnos del Espíritu para vivir para los demás.

Vivir desde la carne es vivir encorvados mirándonos el ombligo. Es vivir desde lo visceral, lo instintivo, lo egoísta, lo injusto. La lista de Pablo comienza como una lista común de los vicios y virtudes de su tiempo. Si parafraseamos esta lista y destacamos la conducta detrás de las palabras, podemos atrapar mejor su significado. Las personas que viven de la carne, dice Pablo, hacen cosas como serles infieles a sus parejas, practican inmoralidades sexuales, el sexo los domina y los pervierte, no le ponen límites a su sensualidad, adoran y confían en otros dioses, y utilizan pociones y recetas extrañas para controlar su vida y la de los demás (5:19-20). Estas personas, en general, tienen como centro de operaciones un entendimiento equivocado, sin control y tal vez enfermizo de su sexualidad. Buscan en lugares fuera del evangelio dioses que puedan ser manipulados.

La lista de Pablo incluye también conductas que no están en las listas tradicionales de vicios y virtudes y que ejemplifican cómo dentro de la comunidad misma de los gálatas, y tal vez en las nuestras, este vivir de la carne encuentra otros modos de manifestarse. Otras cosas que las personas que viven de la carne pueden hacer es enfadarse con los demás, provocar conflictos y peleas, codiciar la pareja o familia del prójimo y decir cosas falsas para crearles problemas. A esto le añadimos el dejarse dominar por estallidos y arranques de ira, dirigir sus vidas siguiendo ambiciones egoístas, causar divisiones, formar grupos o facciones en la comunidad, desear las cosas de otros, asesinar y vivir de la violencia, beber y emborracharse e irse de juerga y rebelarse (5:20-21). Algunas de estas cosas son las que están causando los conflictos y divisiones en la región de Galacia, provocados por personas extrañas a la comunidad que le han echado leña al fuego.

Tanto las personas que hacen lo que está en la lista tradicional de vicios y virtudes como las otras que acabo de mencionar, por vivir desde el asiento de sus propios egoísmos, si mantienen esta conducta, no van a participar de las bienaventuranzas del reino de Dios. Esto es vivir de espaldas a la cruz, mancillar el nombre de Cristo y negar el poder del Espíritu. Debemos fijarnos, de nuevo, que en la lista no hay subordinaciones ni jerarquías. Todas las conductas son amonestadas y rechazadas con igual fuerza. La invitación es clara. Es fácil identificar las conductas y a las personas que, viviendo de sus excesos, hacen cosas como las identificadas en las listas de vicios y virtudes. Es más difícil mirarnos y mirar a nuestras comunidades y darnos cuenta de que nuestras conductas y relaciones pueden manejarse desde el mismo asiento de la carne que siguen esas otras personas. Pablo identifica la razón de esto como la negación de una fe activa en el amor y en beneficio del prójimo que necesita.

Vivir del Espíritu es diferente. La lista es mucho más corta, pero el poder y el amor que se irradia de las comunidades y personas que así viven son extraordinarios. Son el poder y el amor de Cristo, actualizados en las comunidades y personas por el Espíritu. Quienes viven del Espíritu tienen cariño, afecto y simpatía sincera por todos, viven con entusiasmo y alegría constantes por la presencia de Dios en sus vidas, trabajan por el bienestar, la armonía y la salud de todos, aguardan y esperan por los demás con buen ánimo, son generosos, buenos y derechos, confían y presumen la inocencia de los demás, son fieles, confiables y de igual modo confían y creen en los demás, son considerados, corteses, humildes y tienen control de sí mismos. En fin, es la copa derramada a favor y por el bienestar del otro.

Las listas son opuestas pero no son mutuamente excluyentes. Estamos en *ambas* listas. Los gálatas han estado en ambas, aunque ahora se han dejado dominar por el largo listado de acciones y conductas identificadas con la vida en la carne. Los que son de Cristo, sin embargo, por el poder del Espíritu han crucificado la carne, con sus deseos incontrolables de pecar y con sus protestas y luchas contra lo que es bueno. Vivir en el Espíritu es vivir con tarjeta amarilla en la lucha de las dos listas, pero en la esperanza y la disciplina que la rectitud y la justicia de Dios proveen a nuestras vidas. Como Pablo ya dijo, la realidad de la presencia de lo malo y lo bueno en el espacio de la libertad cristiana no debe ser excusa ni licencia para abandonarnos a la carne y desbancarnos en una vida de complacencia. La vida cristiana es disciplina, rectitud y justicia. Esta disciplina, rectitud y justicia se viven desde las virtudes y bondades identificadas por Pablo, y desde el poder y la energía de una cruz de sufrimiento y de una tumba vacía. Como también dice el apóstol, es la vida que habla y camina haciendo y diciendo lo mismo (5:25): Jesucristo es el Señor.

Podemos intentar, antes de proseguir, ponernos las sandalias de las personas involucradas en el conflicto de esta carta y que representan vidas según la carne y según el Espíritu, y caminar junto a ellas. Las sandalias de las personas que viven según la carne y que han causado el conflicto pisan con cuidado y sin hacer ruido. Siempre están limpias. Siempre llegan a tiempo. Sus dueños llegaron de Jerusalén y fueron añadiéndole palabras y frases a la proclamación que Pablo realizó: «¿Por qué no añadimos este rito en este día? ¿Por qué no se circuncidan antes de bautizarse? Es mejor tener las dos cosas. Mira, este Pablo es judío y está circuncidado. ¿Por qué no querrá que ustedes se circunciden?». Poco a poco tales personas, maestros falsos y engañosos, fueron integrándose a la vida de la comunidad y ocupando posiciones de liderato. ¡Después de todo venían de Jerusalén, del lugar donde vivió, murió y resucitó Jesucristo!

Algunos de los recién convertidos gentiles, nuevos en lenguaje de la fe y en las prácticas de la iglesia, confiaron en ellos. Otros vieron la oportunidad para alcanzar el poder. Se fueron formando grupos y divisiones, y de pronto estaban luchando unos contra otros. La agenda es lacerar la autoridad de Pablo y los líderes, y asumir el control de la comunidad. Ciertamente esto no es sino una descripción algo imaginaria de lo que pudo haber estado sucediendo en las comunidades de Galacia, pero nos puede proveer una mirada diferente a todo lo que Pablo ha dicho hasta ahora. Nos podemos relacionar con las dinámicas que se entrecruzan, con las ambigüedades, con las buenas y males intenciones presentes en la comunidad. Ponernos en las sandalias de los personajes del conflicto nos ayuda a ver las cosas de otra manera.

Las sandalias de los que viven del Espíritu pueden estar llenas de polvo. Conocen los hogares y las situaciones de casi todas las personas de la comunidad y oran por ellas diariamente. Tienen hasta una buena opinión de los recién llegados y no les molesta que estén acaparando las posiciones de poder. Contestan los insultos con bendiciones que salen de corazones genuinamente bondadosos y viven llenos de alegría y esperanza, aun en medio del conflicto. No es negación ni escondite, porque no son tontos.

Es esperanza y certeza de que en Cristo y en el Espíritu, y con la vista puesta en el reino, la prueba produce esperanza (Rm. 5:4) y que «las aflicciones del tiempo presente no son comparables a la gloria venidera» (Ro 8:18). Están confiadas en que esta carta de su amigo y padre en la fe va a tener los resultados esperados. Tal vez tengan conflictos internos, y a veces la carne los lleve a desear adelantarse y sospechar de todo el mundo; pero el Espíritu siempre los redarguye, los amonesta y les da las fuerzas y pensamientos adecuados para vivir ayudando a los demás y confiando en la Palabra de Dios. De éstos, dice el evangelio, es el reino de los cielos.

En esta carta Pablo ha podido adentrarse significativamente en la dinámica de la esclavitud y la libertad. Esto es así, pienso yo, porque Pablo es conocedor de primera mano de los estragos de la esclavitud y las bienaventuranzas de la libertad. Tiene un ojo maduro y sabio para discernir las agendas e intenciones de las personas. Su historia misma le ha provisto de experiencias que lo hacen un ser humano excepcional. Pablo ha perseguido y ha sufrido persecución; ha disfrutado de privilegios y ha sido prisionero; ha caminado y viajado con soldados, marinos, esclavos, fugitivos, comerciantes y maestros. Ha compartido el trabajo con colegas artesanos y conoce de primera mano el discriminación y los privilegios de la sociedad en que vive. Elsa Tamez, una brillante biblista centroamericana pregunta: «¿Cómo afirmar a secas que Cristo nos ha liberado para ser libres sin tomar en cuenta el contexto de la sociedad esclavista?». Como vimos en la introducción, la región de Galacia era especialmente conocida por el tráfico de esclavos. La desigualdad y la injusticia eran el pan de cada día en la sociedad, y Pablo lo ha sufrido de primera mano. Sabe de las maniobras del poder. Sus experiencias de vida le han provisto las herramientas que necesita para escuchar, reflexionar y escribir de tal modo que en su pluma, como en esta carta, se plasmen las huellas digitales de la realidad y se proclame a un Cristo que asume y estremece esa misma realidad para salvación y vida eterna.

En última instancia el tema de esta carta puede resumirse como una cuestión de lucha de poder. Es una lucha entre el poder que ha ido adquiriendo Pablo como evangelista en el territorio gentil —que cada vez se hace más grande y numeroso que la iglesia de Jerusalén y los judaizantes que vienen de ella— y el poder que desean preservar y adquirir los judaizantes. La controversia gira en torno al poder y el control que quieren ejercer quienes viven de la carne, en contrapeso al poder que desean compartir quienes viven del Espíritu. Este es el poder de decidir quién pertenece, cuáles son los requisitos de entrada y participación, y cómo se debe adorar y vivir en la comunidad cristiana. Las preguntas que nos debemos hacer son: ¿Quién desea ejercer el poder, y por qué? ¿Hacia dónde dirige el poder la mano de Dios, según se presenta y discute en esta carta? En medio de esta lucha de poder están Jesucristo y la eficacia de su sangre para la salvación de todas las personas.

El asunto del poder expresado en la carta a los gálatas nos invita a que hagamos preguntas similares en medio de la iglesia y sociedad donde vivimos. ¿Cuáles son las expectativas de la posesión, uso y distribución del poder en nuestras comunidades de fe, en las vecindades, barrios, pueblos y ciudades donde vivimos? ¿Cuál es la oferta y cuál es la realidad? ¿Quién manda y quién decide? ¿Cuáles son los procesos de toma de decisiones? Gálatas nos invita a pensar, orar y actuar acerca de las manipulaciones, agendas escondidas, luchas de autoridad y privilegio, conflictos por protagonismo y fricciones de liderato que pueden presentarse como las verdaderas fuerzas y controversias detrás de decisiones tales como las elecciones de los presbíteros, ancianos o concejales, el himnario, los cánticos e himnos que se cantan o no en las congregaciones, la exclusión o aceptación de nuevos candidatos al ministerio, y tantas otras cosas más.

Del mismo modo debemos considerar los conflictos y fuentes de poder en nuestros vecindarios y sociedad en general. El pueblo hispano en los Estados Unidos está al tanto de las luchas por acceso e igualdad que día a día se viven en nuestras comunidades. Las situaciones de pobreza, discriminación y olvido social no siempre son estrictamente personales. Existen fuerzas que implantan sus agendas y manipulan la información y la opinión pública. Las pandillas, la manera en que tratamos a los extranjeros y nos tratamos entre nosotros mismos las diferentes comunidades de habla hispana en la diáspora o en nuestros respectivos países, el abuso contra la mujer, contra los ancianos y los niños, por ejemplo, se relacionan con la manera en que obtenemos, usamos y compartimos el poder. ¿Acaparamos o distribuimos el poder en la iglesia y la sociedad donde vivimos?

La conclusión de Pablo acerca del poder es sencilla: el poder es de Jesucristo y se ejerce por la presencia y actuación del Espíritu en la fe que obra por el amor. Este es el poder que provoca la libertad donde no hay ni judío ni griego, ni esclavo ni libre, ni varón ni mujer. Es el poder de la copa que se derrama a favor de los esclavos, artesanos, comerciantes, maestros, marinos, soldados, y todos los seres humanos que Pablo ha conocido y que son recipientes de la gracia de Dios por virtud del Hijo que se encarnó en una virgen. Dios hace fluir su poder de la ley a la promesa, de la carne al espíritu, de la esclavitud a la libertad. La ley descubre el pecado. La promesa anuncia salvación. La carne busca lo suyo. El Espíritu hace comunidad en libertad. La esclavitud es la consecuencia de vivir por motivos egoístas y entender la libertad como licencia para cualquier cosa. La libertad es el ejercicio del amor que encuentra sus límites en la vida y beneficio del prójimo. El inicio del capítulo seis de la epístola presenta esta nueva visión como una invitación de Pablo a las comunidades de Galacia. Hasta los que han cometido faltas deben ser tratados con consideración, cortesía y humildad, y han de ser restaurados a la vida de la comunidad (6:1).

Los gálatas deben compartir las cargas y sufrimientos —incluso los sufrimientos y cargas de sus vidas en la carne— de modo que se cumpla el mandamiento del amor (6:2). Esto es así porque nadie es más que nadie, y el pretender ser uno más que otro, ya sea por creerse sin pecado o por imaginarse tan piadoso o santo que piensa tener autoridad sobre los demás, es engañarse a sí mismo. Pablo parece recordarles a los gálatas y recordarnos a nosotros que las vidas en la carne y en el Espíritu conviven simultáneamente en nosotros. Las listas de vicios y virtudes que él mismo proveyó y a las que añadió expresiones de la vida de las comunidades cristianas son, como hemos visto, opuestas pero no mutuamente excluyentes. Debemos estar alerta y no cansarnos de hacer el bien (6:9). El verdadero poder es el poder del amor que hace el bien a todos y cuida a los de la familia de la fe (6:10).

5. Conclusión (6:11-18)

Los versículos finales de la carta subrayan temas importantes y confirman su tono. El conflicto se relaciona principalmente con la circuncisión y con el interés de algunos visitantes —relacionados con Jerusalén o provenientes de esa ciudad— en asumir jurisdicción sobre la región de Galacia. De ese modo ganan el favor y admiración de otros judíos cristianos celosos de la ley. Mientras hacen todo esto se enorgullecen de sí mismos, pero no desean asumir los riesgos y consecuencias de la fe en Jesucristo. Peor aún, ni siquiera pueden cumplir con la ley que con tanto fervor, ahínco y vanagloria les exigen a los gálatas (6:12-13). Ante esta situación, Pablo argumenta de una forma marcadamente cristocéntrica, como lo ha hecho a través de toda la carta. Si de algo hay que enorgullecerse o vanagloriarse es de la cruz de Jesucristo. Pablo tiene en su cuerpo y en su vida las marcas de una carrera bien corrida y de una batalla bien peleada (6:17; 2 Ti 4:7). Él sí puede presentar una vida que ha asumido las consecuencias de la fe en Jesús. En sus luchas en el nombre de Jesucristo ha padecido los dolores y estrangulaciones del mundo. De igual manera, Pablo mismo se presenta como la crucifixión de ese mismo mundo. Él le anuncia al mundo el crucificado como salvación y vida eterna. Pablo representa la conciencia y la esperanza de ese mismo mundo por la Palabra que le anuncia (6:14).

Esta es una Palabra que no considera ni establece diferencias entre las personas. No exige requisitos previos a la sangre del Cordero y al bautismo. El lugar y la dignidad de los gentiles en la recién nacida comunidad cristiana está garantizado. Pablo reitera la invalidez de la circuncisión o de la incircuncisión en cuanto a la justificación de cualquier ser humano. Los gálatas son aceptados tal como son sin los requerimientos de la ley (6:15). Si así vivimos y andamos (5:25), somos parte del Israel de las promesas de Dios (6:16). Pablo termina reclamando su libertad y autoridad y enfatizando con su tono fuerte y decidido la importancia medular del asunto: «De aquí en adelante nadie me cause molestias». La bendición final es seca y escueta.

El llamado de estos últimos versículos es a confesar a Jesucristo y a asumir el riesgo de nuestra fe. El cristianismo no es cuestión de adornos, opciones momentáneas ni modas de ocasión. Tampoco es el encadenamiento del intelecto y de las emociones a ritos automáticos y vacíos, ni el apego sin cuestionamientos a formas particulares de adorar o de expresar la fe. Es un asunto de vida o muerte. Es estar firmes en la libertad con que Cristo nos hizo libres (5:1). En esta libertad nos relacionamos con nuestro alrededor y vivimos comprometidos con el bienestar del prójimo y de la sociedad. Encontramos maneras nuevas de proclamar y dar testimonio de modo que regiones y personas nuevas se añadan a la comunidad cristiana al recibir la buena noticia de que la fuente viva e inagotable de la salvación se hace accesible por el Espíritu y eficaz en la cruz de nuestro Señor Jesucristo.

Una visión de conjunto

Esta carta es tal vez el primer laboratorio donde Pablo articula los principios fundamentales de su pensamiento, que van a pasar a ser importantes para la fe y la vida cristiana. Su contribución a la manera en que entendemos la fe es significativa. Pablo logra articular, de manera profunda y atenta a la realidad que le rodea, verdades fundamentales del evangelio. Esto lo hace al atender un serio conflicto en una región donde se ubican varias comunidades cristianas, y a pesar de estar molesto y —¿por qué no?— posiblemente herido por la manera en que sus amigos e hijos en el evangelio han sucumbido a las palabrerías, intrigas y falsedades de algunos visitantes de Jerusalén. Podemos identificar varios temas que merecen una discusión general en cuanto a la contribución de Pablo al pensamiento cristiano. Estos son: a) un entendimiento realista y profundo de la vida, b) un enfoque cristocéntrico visto en el momento mismo de la justificación, c) un lenguaje particular para expresar el entendimiento de la fe, y 4) la ética de la fe activa en el amor.

a. Entendimiento realista y profundo de la vida

Vale la pena reiterar la red de eventos y experiencias que hicieron a Pablo el ser humano que fue. Judío de la diáspora y educado en Jerusalén, conocía tanto su tradición como las diferentes comunidades judías de su época. Era un hombre libre y ciudadano del Imperio Romano quien se ganaba la vida como artesano. Disfrutaba los privilegios de la libertad y sufría las necesidades de una manera honesta y humilde de vivir. Conversador con su alrededor ya como artesano, maestro de la ley o evangelista, sus intereses y experiencias de vida le llevaron a conocer gente diversa y a rozarse con sus realidades: marinos, soldados, comerciantes, viajeros, esclavos y prisioneros. Experimentó tanto los beneficios de la libertad como las restricciones de la cárcel. En la región de Galacia vio la presencia notable del ejército romano y el tráfico constante de esclavos. Sus días de artesano —los buenos y los malos— eran una combinación de trabajo, conversación y reflexión acerca de la vida y lo que el evangelio puede hacerle. Su lista de vicios y virtudes va más allá de lo tradicional, para incluir intenciones y conductas menos obvias a simple vista, pero más enredadas en nuestra humanidad. Sus imágenes de la carrera y la levadura ilustran los conflictos presentes en la comunidad con situaciones presentes en la vida cotidiana.

Todo esto se derrama en la carta: el conocimiento profundo de los intereses y maquinaciones humanas, la experiencia extraordinaria de haber sido reclamado y liberado por Cristo, y el compromiso con la vida que se vive cada minuto en sufrimientos y luchas. Su ojo observador, su mente alerta y su habilidad para expresarse le ayudan a presentar en esta carta los conflictos y las esperanzas de estas comunidades de una manera clara. Su coraje y sentimiento de decepción, aunque pudieron empujarlo a extremos, le imprimen a la carta un tono de vida con el que muchos de quienes ministramos, servimos como líderes y vivimos en medio de comunidades cristianas nos podemos identificar. Es tal vez cierto que el ser humano se concentra más en las dificultades y los problemas que enfrenta. Esta carta puede ser un ejemplo de ello. Pablo, sin embargo, encuentra espacio para Cristo y para el Espíritu en medio del conflicto. Más todavía, el reclamo de Pablo es que no nos dejemos abrumar ni enamorar ni convencer por las camándulas o cristales que la vida nos ofrece y que vivamos siempre aferrados a una cruz de libertad y amor al prójimo.

b. *Enfoque cristocéntrico visto en el momento mismo de la justificación*

El asunto principal que Pablo discute en la carta no es negociable. No se trata de algo liviano que se pueda dejar pasar o negociar. El asunto es la razón misma de la salvación y la justificación en el momento de encuentro del ser humano con Dios en la cruz de nuestro Señor Jesucristo. Leemos mal la carta si perdemos esto de vista. Esta es la razón de la firmeza del apóstol. Esta es la razón de su ira y tristeza con las comunidades de Galacia. La presencia e influencia de visitantes venidos de Jerusalén y el acomodo de algunos a sus peticiones amenazan con poner a Jesucristo en segundo lugar o, peor aún, como un elemento accesorio a la salvación. Pero, «entonces por demás murió Cristo» (2:21). El protagonismo en el momento de la justificación y la autoridad para ejecutar la salvación en el encuentro del ser humano con Dios son de Jesucristo. En este momento de perdón y justificación por parte de Dios y en este espacio de salvación nada sustituye a Jesucristo. La cruz no es negociable.

Este énfasis cristocéntrico es característico del cristianismo en general y del protestantismo en particular. Las famosas «solas» de la reforma encuentran en esta carta un buen fundamento: sola fe, solo Cristo, sola gracia, sola Escritura. La persona y la obra de Jesucristo encuentran en este momento y en este espacio su máxima expresión. El resultado de este momento y de esta acción en nuestras vidas es la libertad que queda validada cada día por el poder del Espíritu en nuestras vidas. La contribución extraordinaria que realiza Pablo es poder expresar de una manera significativa el valor de la encarnación para nuestras vidas.

c. El lenguaje de la fe

Para expresar el significado de la encarnación en nuestras vidas el apóstol desarrolla un lenguaje para la fe. De paso relaciona al Mesías de las promesas con este Cristo que es la Palabra de Dios misma hecha carne y hueso en el pesebre. Este lenguaje nos presenta sus famosos pares: ley y promesa, carne y espíritu, esclavo y libre. Estos pares relacionan el evento de la encarnación y el Cristo que nace con la realidad que vivimos todos los días. Jesús entra a la arena humana —llena de ambigüedades, complicaciones, bondades y maquinaciones— para transformarla en una nueva creación (6:15). Esta nueva creación se vive en lo cotidiano de la vida en la intersección de cada par —ley y promesa, carne y Espíritu, esclavo y libre— y llegará a su plenitud en el reino de Dios y la vida eterna (6:8). Los términos se convierten en categorías que identifican la naturaleza humana y la manera en que nos relacionamos.

Reflexionemos algo más sobre *la ley, la carne, la esclavitud*. La ley, como categoría en esta carta o en el discurso teológico, no es exactamente lo mismo que la ley del Antiguo Testamento. Ella se refiere a todos los principios o cosas en que los seres humanos ponemos toda nuestra confianza, pensando que con nuestras capacidades, fortalezas y recursos podemos cumplir o comprar. La carne se refiere al asiento de una voluntad desequilibrada que busca lo suyo a expensas de todo y de todos. Es la descripción de una vida que se rige por la satisfacción de sus propios deseos e intereses y que manipula lo que alcanza para justificarlo. En palabras de Pablo mismo, la carne utiliza la libertad como licencia y ocasión para pecar (5:13, 5:19ss). La esclavitud es el fruto de una vida regida por la impresión de que nuestras capacidades y posibilidades nos permitirán cumplir o comprar los principios o cosas que exaltamos como garantizadores de la salvación y también por la impresión de que podemos controlar la fuerza de nuestros propios intereses. El egoísmo, la avaricia, la mala voluntad, la desidia, las injusticias, las opresiones —en fin, todo lo que quebranta y limita a los seres humanos y todo lo que plaga nuestras vidas y la sociedad— son fruto de las fuerzas identificadas con la ley, la carne y la esclavitud, ya sea en forma de nuestra participación personal en ellas o en forma de las expresiones sociales que esas fuerzas toman.

Frente a tales fuerzas, Pablo contrapone *la promesa, el Espíritu y la libertad*. Así parea la ley, la carne y la esclavitud con la promesa, el Espíritu y la libertad. Estas categorías le ayudan a desarrollar temas como la justificación, la reconciliación y la santificación. Son las categorías de la esperanza. La promesa es el favor de Dios manifestado desde la creación y expresado en su conversación y elección de Abraham y Sara. Sin tener que hacerlo ni decirlo, Dios lo hizo y lo dijo: «En ti serán benditas todas las naciones». Es el aterrizaje de su amor y su gracia en la historia humana. El Espíritu es la mano de Dios sacudiéndonos de nuestra propia humanidad, sembrando la Palabra y regalándonos un asiento nuevo desde donde vivir. Este nuevo asiento es el amor y la gracia de Dios, que nos llegan de sí mismo para confirmar la nueva creación que Jesucristo ha inaugurado. El Espíritu hace fructificar nuestras vidas con toda clase de dones. La libertad es la vida en el Espíritu. Es el ejercicio de sus dones en la fe activa en el amor.

d. La ética de la fe activa en el amor

Un famoso libro del escritor norteamericano George Forell, de mediados del siglo veinte, se llama *La fe activa en el amor*. Esta frase recoge aquí en Gálatas los principios y la manera de vivir del cristiano. La fe activa en el amor es como se vive la vida en libertad desde el Espíritu. Es el ejercicio de las virtudes y los dones (5:22-23), mirando y atendiendo primero al prójimo. Es más una actitud y un estilo de vida que una lista de cotejo. Es la mutua consolación, restauración, la puesta en práctica de nuevas oportunidades desde Aquel que murió por nosotros crucificado.

Ya entonces cerramos el ciclo de la carta a los Gálatas: vamos desde el centro de la justificación y de la salvación que es Jesucristo hasta el centro de la vida que es el prójimo, a quien servimos desde la libertad del Espíritu por la fe activa en el amor.

La Epístola a los Gálatas nos invita a imaginarnos las dinámicas que ocurrieron en los inicios mismos de las comunidades cristianas. Estas dinámicas llevaron a Pablo a escribirles una fuerte exhortación a los gentiles recién convertidos en la región de Galacia. Le proveyeron la oportunidad de defender lo no negociable del evangelio. La lectura y reflexión que esta carta nos provoca hoy día nos empujan a relacionar los obstáculos —personales y sociales— que se disfrazan e intentan interponerse entre la la fe y la vida en el Espíritu, hasta convertirse para todos fines prácticos en nuestros ídolos y dioses. En el momento mismo de nuestro encuentro con el crucificado, sólo su sangre como confirmación de las promesas de Dios es causa de perdón y justificación. Este momento y esta carta nos llama estar siempre alerta, un poco desequilibrados y maravillados al darnos cuenta del infinito amor que Dios tiene por la humanidad y del extraordinario regalo de la fe que nos llega por su gracia. La vida que sigue luego de este momento es vida de libertad y acción de gracias en el Espíritu. Desde este lugar enfrentamos el resto de nuestras vidas y la vida de la iglesia. La Epístola a los Efesios, que estudiaremos a continuación, nos muestra otra dimensión de la vida y el testimonio que tanto mis lectoras y lectores como yo y todas las comunidades cristianas del mundo debemos modelar.

Efesios

Capítulo 2

Introducción

Una rápida lectura a la *Carta a los Efesios* nos indica que es diferente a la de los Gálatas. Entre otras cosas, el tono, el lenguaje y los temas discutidos son diferentes. La carta no contiene alusiones o referencias a grupos o conflictos específicos. Podemos notar en ella además semejanzas con otras cartas como Colosenses, Corintios y Romanos. Nos damos cuenta rápidamente de sus largas oraciones y el uso de nuevas palabras y significados. Es importante que revisemos todo esto con un poco de detalle antes de ir al comentario.

Luego de un saludo formal la carta comienza con un hermoso texto que parece un himno de gloria y alabanza (1:3-14). Palabras como «bendito», «escogidos», «santos», «sellados» y «adquiridos», entre otras, le proveen un tono más alegre y menos controversial. De la misma manera los versos finales, aunque breves, no tienen el tono de molestia expresado por Pablo en Gálatas en su escueto «por lo demás que nadie me traiga problemas» o, como dice la versión Reina Varela, «me cause molestias». El penúltimo versículo de la carta puede describir esta diferencia de tono: «Paz sea a los hermanos, y amor con fe, de Dios Padre y del Señor Jesucristo» (6:23). Esto no quiere decir que la carta no discuta temas controversiales y difíciles, sino que el ánimo presente en ella no es conflictivo. El amor cristiano atiende los temas importantes de la vida y de la fe desde la perspectiva del amor.

En este mismo himno o alabanza inicial encontramos otra característica de la carta. Aparecen aquí una serie de palabras nuevas o con significado diferente a otras cartas. Palabras y frases tales como «bendiciones espirituales» «lugares celestiales», «Amado» y «misterio de su voluntad» y, por supuesto, «predestinación», que se encuentran en esta epístola, tienen un lugar en el vocabulario de las cartas del Nuevo Testamento y el nuestro. El himno está compuesto por dos oraciones largas que van desde el versículo 3 al 10 y del 11 al 14. Se puede notar otra diferencia en el uso del lenguaje. Mientras que en otros lugares la referencia es a «Satanás» (Ro 16:20 y 1 Co 5:5), Efesios utiliza la palabra «diablo» (4:27; 6:11). Nosotros estamos acostumbrados a utilizar estos términos como sinónimos, y de esa misma manera se utilizan en muchos textos bíblicos. La diferencia en el uso de estos términos podría verse como cuestión de generaciones. «Satanás» se identifica con generaciones anteriores y «diablo» con generaciones posteriores. Parece ser algo semejante a los que ocurre en nuestras comunidades hispanas, donde es relativamente fácil identificar las generaciones de nuestros abuelos, de nuestros padres, las nuestras y las de nuestros hijos y nietos por el uso de palabras y frases idiomáticas, o por el uso y combinación del inglés y el español.

Otra palabra que debemos notar es «misterio». En la primera carta a los Corintios (1 Co 2:7) el significado es el de un secreto revelado. En Colosenses 1:26-27, significa la presencia de Cristo en nuestras vidas. En Efesios 1:9 significa la unidad de todas las cosas en Cristo. Y en Efesios 3:4 se relaciona con el conocimiento de que tanto gentiles como judíos son coherederos y miembros de la iglesia, así como copartícipes de las promesas. El significado de Efesios enfatiza el plan de Dios y la vida en comunidad, mientras que en otros lugares el significado es más personal. Este último significado, que se relaciona más estrechamente con la vida de la iglesia puede sugerir —como lo hace el uso de «diablo»— una comunidad más madura en su vida y testimonio que las de Gálatas.

Una particularidad adicional de Efesios es el catálogo de temas que se discuten. Ya vimos cómo en Gálatas el tema central es cristocéntrico, y que ello resulta de un conflicto respecto al modo de ver el lugar de la ley en las iglesias entre gentiles. En esa otra carta, alrededor del tema cristocéntrico y de la discusión de los preceptos y estatutos divinos como fuente de salvación, se discuten otros temas. Esos otros temas incluyen las limitaciones y realidad del pecado (carne, esclavitud), el resultado de la presencia y actividad del Espíritu en nuestras vidas (Espíritu, libertad), y los principios de conducta y la manera en que nos relacionamos con el prójimo (fe activa en el amor). En contraste, en Efesios estos temas están ausentes. En su lugar se desarrollan temas como el viejo y el nuevo ser humano (5:17-24), la armadura del cristiano (6.10-20) y los lugares celestiales donde habita Dios y Jesucristo a Su derecha (1:15-23). Lo interesante es que al parecer los temas discutidos en Gálatas —temas vibrantes y presentes en las primeras generaciones de cristianos— parecen ya no ser materia de controversia, y en su lugar aparecen temas relacionados con comunidades ya establecidas y un poco más maduras en la fe.

Lo más interesante de todo son las semejanzas de algunas porciones del texto de esta carta con otras del cuerpo epistolar de las Escrituras. Leemos en Romanos 1:21: «Pues habiendo conocido a Dios, no le glorificaron como a Dios, ni le dieron gracias, sino que se envanecieron en sus razonamientos, y su necio corazón fue entenebrecido». Algo parecido podemos leer en Efesios 4:17-18: «Esto, pues, quiero y requiero en el Señor: que ya no andéis como los otros gentiles, que andan en la vanidad de su mente, teniendo el entendimiento entenebrecido, ajenos a la vida de Dios por la ignorancia que en ellos hay, por la dureza de su corazón». De igual manera leemos en Romanos 11:3: «Pero quiero que sepáis que Cristo es la cabeza de todo varón, y el varón es la cabeza de toda mujer, y Dios la cabeza de Cristo». Y en Efesios 5:23: «Porque el marido es cabeza de la mujer, así como Cristo es cabeza de la iglesia, la cual es su cuerpo, y él es su Salvador». Asimismo podemos ver, entre varios otros, el inicio de la segunda carta a los Corintios (2 Co1:1-3) y los primeros versículos de Efesios (1:1-3).

La relación más cercana, sin embargo, es con la Epístola a los Colosenses. Ambas cartas comparten un sinnúmero de palabras. Las semejanzas en el inicio de ambas cartas es evidente (1:1-12 y Col 1:1-2). Parte del final de ambas cartas es muy parecido. Efesios 6:21-22 dice: «Para que también vosotros sepáis mis asuntos, y lo que hago, todo os lo hará saber Tíquico, hermano amado y fiel ministro en el Señor, el cual envié a vosotros para esto, para que sepáis lo tocante a nosotros y que consuele vuestros corazones». Luego leemos en Colosenses 4:7-8: «Todo lo que a mí se refiere os lo hará saber Tíquico, amado hermano y fiel ministro en el Señor, el cual he enviado a vosotros para esto mismo, para que conozca lo que a vosotros se refiere, y conforte vuestros corazones». Encontramos semejanzas entre otras secciones, como Efesios 1:15-17 y Colosenses 1:3-4, 9-10, y relación temática entre textos como Efesios 2:5-6 y Colosenses 2:12-13; Efesios 4:17-24 y Colosenses 3:5-15; y Efesios 5:17-20 y Colosenses 3:16-17. Estas citas sirven para subrayar la relación entre los documentos presentados. Esta relación que le provee estilo, temas y autoridad a Efesios se expresa ya en el mismo primer versículo con la frase «Pablo, apóstol de Jesucristo» (1:1).

Todo estro nos provee información acerca de los destinatarios de esta carta. Estos pueden ser una comunidad de fe donde ya se han superado algunos de los conflictos y tensiones presentes en la inauguración y primeros años del cristianismo. Por los temas que la carta presenta se puede pensar que esta comunidad está interesada en ver cómo se organiza a sí misma de una manera agradable al evangelio (Cristo cabeza, etc.), cuáles son las conductas apropiadas en quienes han sido templados por la fe, y en general cómo el testimonio cristiano produce una vida madura y combatiente (armadura, etc). La carta identifica a sus destinatarios como residentes de Éfeso; pero tal vez no son las mismas personas ni la misma comunidad que Pablo fundó en su tercer viaje misionero (Hch 19:23ss; Ef 1:15; 3:2; 3:5 y 4:21). (Además, hay que señalar que algunos manuscritos antiguos no incluyen las palabras «en Éfeso», de modo que es dable leer la dedicatoria como «a los santos y fieles que están en Cristo». De ser así, la carta iría dirigida a un público más general que el de los creyentes en Éfeso y sus alrededores).

En todo caso, la geografía se expande un poco para incluir a los pueblos vecinos. Estamos hablando entonces de una segunda o tercera generación de cristianos que han recibido e intentan pasar la fe a sus descendientes, de la misma manera en que nosotros pasamos las tradiciones, las costumbres, el idioma y la fe a nuestras familias en nuestros países de origen o en la diáspora que reside en los Estados Unidos de América.

Éfeso era la capital de la región situada al este de lo que hoy es Turquía. Era la cuidad más importante y próspera de la provincia romana de Asia. Era una ciudad portuaria cosmopolita ocupada en el comercio. Era, además, centro religioso. La importancia religiosa le llegó por la presencia de un templo a la diosa de la fertilidad, que luego los griegos identificaron con Artemisa y los latinos con Diana. A este templo se le añadieron otros dedicados al emperador romano. La ciudad contaba con un gran estadio y un magnífico teatro. La calle principal era una espléndida y ancha avenida que iba del teatro al puerto. Las dinámicas de la iglesia de Éfeso serían las propias de comunidades maduras y exitosas ubicadas en centros urbanos. La carta pudo ser leída también en otras ciudades aledañas de la provincia, como Esmirna, Laodicea y Filadelfia (Ap 2-3), como un llamado y recordatorio a la unidad de la iglesia.

La identificación de los destinatarios nos hace leer la carta de una manera diferente. La Epístola a los Gálatas va dirigida a personas que son como recién llegados a la fe, con las maletas llenas de costumbres e historias parecidas a las de los gentiles de aquella región. La leemos con bandera amarilla ante todas las excusas, pensamientos y opciones que —como la ley y la circuncisión— ponemos como requisitos previos a la fe. Esta es una lectura fresca y en puntillas que siempre le da su lugar y autoridad a Jesucristo como el centro de nuestras vidas. Es una lectura que anuncia las promesas de Dios y nuestra inclusión en ellas por Su pura gracia. Cuando leemos la Epístola a los Efesios lo hacemos desde nuestra madurez en la fe. Leemos con nuestra armadura puesta (6:11-17) y con una iglesia cuya cabeza es Cristo. Nos asomamos a una comunidad ya establecida y templada por la experiencia. Leemos con los machucones, empujones y sorpresas que hemos sobrevivido y batallado, y con las caricias, los abrazos y las bendiciones que la gracia de Dios nos ha concedido. Si la carta a los Gálatas manifiesta el nerviosismo y la euforia de un recién llegado, Efesios parece más adecuada para leerse luego de un círculo de oración y tomando una tacita de café. Ambas dimensiones o perspectivas son fuente de crecimiento en el entendimiento de la fe.

Bosquejo del libro

La carta se divide en dos grandes partes. La primera parte (1:3-3:21) es una larga oración de intercesión, y la segunda (4:1-6:20) es una exhortación práctica a vivir de una manera digna como familia de Dios. Una manera de notar las diferencias es imaginar dónde fijamos nuestros ojos mientras leemos. En Gálatas nuestros ojos están fijos y firmes en la cruz. Aquí, en la primera parte de Efesios, nuestra vista se concentra en el cielo mientras hacemos una oración de alabanza. Nuestra vista luego se mueve y se posa en el horizonte mientras leemos la segunda parte, que contiene las exhortaciones prácticas para la vida cristiana.

La oración de la primera parte presenta un formato similar al de literatura devocional de su tiempo. Este formato incluye una bendición, oración de acción de gracias, una oración de intercesión y una doxología. Las exhortaciones prácticas son a manera de consejos para que andemos dignos a nuestra vocación (4:1), que es luz (5:8) y con la armadura de Dios bien puesta (6:11). Es una exhortación a la iglesia para que viva como es debido, como cuerpo de Cristo que es (5:24).

Luego, podemos bosquejar la carta como sigue:

1. Oración de acción de gracias (1:1-3:21)
   a. Introducción (1:1-2)
   b. Bendiciones espirituales (1:3-14)
   c. El que todo lo llena en todo (1:15-23)
   d. Vivos en Cristo (2:1-10)
   e. Cercanos y conciudadanos (2:11-23)
   f. Pablo intérprete del misterio (3:1-13)
   g. Oración por fortaleza en la fe (3:14-19)
   h. Doxología (3:20-21)

2. Exhortaciones a una conducta digna de la familia de Dios (4:1-6-20)
   a. Unidad y diversidad (4:1-16)
   b. Vestidos del nuevo hombre (4:17-32)
   c. Hijos de luz (5:1-20)
   d. Código de conducta en el hogar (5:21-6:9)
   e. La armadura de Dios (6:10-20)

3. Conclusión (6:21-24)

1. Oración de acción de gracias (1:1-3:21)

a. Introducción (1:1-2)

Los primeros dos versículos del primer capítulo, a los que nos hemos referido repetidamente en nuestra Introducción, establecen el tono de la carta. Es un saludo amable, cordial y lleno de alabanzas. Los títulos de «santos» y «fieles» identifican a las personas de una comunidad templada y madura que se esfuerza por vivir la fe. La descripción va muy bien con la de la conclusión de la carta, que implora la gracia para «todos los que aman a nuestro Señor Jesucristo con amor inalterable» (6:24). La carta les identificará como «santos» con frecuencia. Por conducto de esta carta, esta comunidad de santos y fieles eleva una oración de alabanza a su Dios.

b. Bendiciones espirituales (1:3-14)

La vida en Éfeso es un tránsito entre su famoso puerto, el teatro, el estadio y los templos a Artemisa y al emperador. La avenida entre el puerto y el teatro es ancha y deslumbrante. Por el puerto llegan los soldados romanos y toda clase de bienes de consumo. Desde el puerto se exportan artículos religiosos que van desde el templo de Artemisa hacia todo el Imperio. En el teatro se presentan las famosas obras griegas que dibujan las luchas de los dioses y sus manejos con los seres humanos. Los vítores alaban al emperador y subrayan las diferencias de clase según los asientos en las gradas y las vestimentas de cada cual. Esto, sin contar las conquistas del Imperio sobre pueblos pequeños, que son las que alimentan el listado de luchadores en la arena.

Un cristiano que transitara por la avenida principal y que detuviera la mirada para observar su alrededor encontraría toda clase de influencias y tentaciones. Desde los vítores y efervescencias de la arena hasta la adoración de una diosa de la fertilidad, y desde la comodidad de adorar al emperador hasta la incomodidad de ser partícipe de las injusticias y desigualdades de la vida del Imperio. La primera parte de esta carta es un llamado a los santos y fieles de la comunidad a enfocar sus miradas, no en las influencias y tentaciones de su alrededor, sino en las *bendiciones espirituales* que les han llegado del cielo. Es un recordatorio de dónde está la verdadera dignidad, cuidadanía y fidelidad de la iglesia.

La carta comienza formalmente, pues, con una extensa y hermosa oración de alabanza.

Por eso, por todas las cosas recibidas y por recibir, por la nueva vida en Cristo y por la nueva familia en la fe, por una vida con significado y esperanza, bendito sea el Dios y Padre de nuestro Señor Jesucristo (1:3a; véase Gn 24:27; 1 R 5:7; 2 Cr 2:11-12). Este Dios y Padre de Jesucristo nos ha bendecido, dice la carta, «con toda bendición espiritual en los lugares celestiales en Cristo» (1:3b). Esta es una expresión importante y particular de la Carta a los Efesios. Los que se identifican con el nombre de Cristo en su tránsito por la avenida principal de Éfeso son beneficiarios de la dádiva de residir en un lugar nuevo y poseen una nueva bendición. Es decir, reciben los beneficios de la gracia del Dios y Padre de Jesucristo y el regalo de residir donde está sentado Jesucristo, quien resucitó de los muertos (1:20; 2:6). El beneficio de esta gracia, el resultado de esta bendición en Cristo, es la unidad: la unidad de la comunidad que recibe la carta (2:15; 3:11) y la unidad de todos en una geografía nueva donde se unen los cielos y la tierra. Podemos utilizar un ejemplo contemporáneo y decir que las personas que se identifican con Jesucristo reciben los beneficios de la gracia de Dios para congregarse en amor y armonía en una zona postal (*zip code*) y código de área (*area code*) diferentes. La iglesia aquí es más que la suma de los miembros y el presupuesto de un grupo particular de cristianos. Es la congregación de todos los que se identifican con Jesucristo y quienes ahora tienen una dignidad, ciudadanía y fidelidad nuevas. El espacio de la iglesia une y trasciende las geografías para congregar a todos los cristianos de todo tiempo y de todo lugar.

En este lugar desde donde se reciben las bendiciones espirituales, donde reside y está sentado el Cristo resucitado, está el origen de todo. Aquí residía Dios desde antes de la fundación del mundo. Desde este lugar atiende al universo. Mirando hacia este lugar nos damos cuenta de un plan, de un propósito, una disposición y un empeño a nuestro favor. Lo trágico y lo cómico de la vida encuentran un significado mayor. Encuentran un significado y una plenitud en el entendimiento de la formación y ejecución del universo. Este significado y plenitud se concentran y enfocan en Jesucristo. Él es la Palabra que da cuentas de este plan y propósitos de Dios. Mas desde el código postal y código de área celestiales, este plan y propósitos se ven como un escoger, un adoptar, un predestinar (1:4-5). Dios ha estado interesado en nosotros desde la fundación del universo y ha empeñado su Palabra por nosotros desde ese tiempo y desde ese lugar (Jn 1:1-14). En el asombro y alegría de este descubrimiento nos damos cuenta de que la respuesta desde el lugar donde estamos es ser santos y sin mancha delante de nuestro Dios (1:4b).

Los riesgos y beneficios terrenales de esta ciudadanía celestial y de esta elección, adopción y predestinación como santos y sin mancha son interesantes. Tienen el poder de relativizar todas las fidelidades y autoridades de la geografía humana. Ahora los oyentes de la carta caminan de una manera diferente por la avenida principal de Éfeso. Ahora nosotros caminamos diferente por la Milla de Oro en Puerto Rico, cerca de Wall Street en Nueva York, en la Avenida Michigan en Chicago o en la Calle Ocho en Miami. Las prioridades, los valores y los intereses que nos motivan no son necesariamente los que se nos presentan por televisión o los que encontramos en los *shoppers* en el periódico. No es que dejemos de vivir en este mundo, que nos neguemos a obedecer sus leyes o a participar en sus instituciones. Tampoco es que dejemos de maravillarnos y de disfrutar de la creación que el Dios que confesamos bendijo como buena. El asunto es que ninguna cosa creada, ninguna institución ni ningún orden particular tienen exclusividad en nuestras fidelidades. Todo los creado pasa por el filtro de la fe, y esta fe está puesta en el Cristo que nos trajo la noticia de un Dios que ha pensado y actuado a nuestro favor desde antes de la fundación del mundo.

Escogidos. Adoptados. Predestinados. Todo esto por gracia. La gracia que nos trajo a su Amado, a Jesucristo nuestro salvador para su alabanza y su gloria (1:6). Nuestras vidas ciertamente son diferentes. Ahora que nuestros valores y principios tienen como punto de partida el amor de Dios derramado desde antes de la fundación del mundo, la energía que despide nuestra existencia se concentra en alabar y dar gloria a nuestro Dios.

Lo que sabemos y lo que hacemos ahora son de Cristo. Ahora la escuela se convierte en lugar de alabanza y testimonio. Sacar buenas notas y obedecer a los maestros es otra manera de alabar y dar gloria a Dios. Ir al supermercado, a la barbería, ver un partido de fútbol con los amigos o aplaudir a nuestra candidata a Señorita Universo es reconocer al Creador de todas las cosas.

Para todos los fines prácticos, nuestro verdadero dios es aquello que ocupa nuestro tiempo, lo que recibe nuestras finanzas y lo que nos empuja a tomar unas decisiones y no otras. Vivir para «alabanza de la gloria de su gracia» es poner a Dios como gerente de nuestro tiempo, como asesor financiero de nuestra finanzas y como la autoridad que alumbra y nos ayuda a ejecutar nuestras decisiones. Si Dios es el gerente de nuestro tiempo, entonces ir al cine con la familia, trabajar con ahínco y descansar apropiadamente es alabar a Dios. Asistir los domingos a la iglesia y dedicarle tiempo a la educación cristiana, por ejemplo, son maneras importantes de ocupar el tiempo. También lo son la oración, el trabajo en el hogar y el trabajo voluntario. A esto le añadimos ayudar con las tareas de la escuela y dedicarle tiempo a la pareja.

Que Dios sea el gerente de nuestras finanzas no es que ofrendemos de modo que carezcamos de bienestar en el hogar. Es que la manera en que usamos y distribuimos nuestros recursos financieros para que sean agradables a la voluntad de Dios. Es que paguemos nuestros compromisos a tiempo y no nos endeudemos con cosas que no podemos pagar. Es que nos ocupemos del hogar y la familia en la medida de nuestras posibilidades. Afirmar a Dios como asesor de nuestras finanzas es que ofrendemos con generosidad y planifiquemos para las vacaciones, los estudios de nuestros hijos y nuestra jubilación. Es trabajar con dignidad en cosas que no dañen a los demás. Nuestras manos son instrumentos de alabanza a Dios en nuestro trabajo y en nuestro hogar.

Si Dios es la mayor autoridad en nuestras vidas, entonces la fe es la variable más importante en nuestra toma de decisiones. Esto no quiere decir que formemos un pueblo cristiano donde la pastora sea la alcaldesa. Tampoco que nos conformemos con orar a ver si las cosas se arreglan. Lo que significa es que las decisiones que tomamos deben alabar y glorificar a Dios y validar la dignidad de todos los seres humanos. Los asuntos políticos, bancarios, sociales y de seguridad, por ejemplo, siempre van a presentar opciones y diferentes maneras de enfrentarse. Ninguna decisión ni ninguna opción política, económica, social o de seguridad es el reino de Dios. Todas son alternativas posibles en el momento en que se viven. En este caso nuestras oraciones son peticiones de entendimiento y de fuerzas para tomar decisiones que afirmen los valores del reino y contribuyan a la convivencia social, de modo que se adelante la justicia y la igualdad de todo ser humano. El centro de operaciones de nuestra vida no somos nosotros mismos. Ese centro es Dios, a quien damos alabanza y gloria con cada respiro y con cada paso que damos.

Todo esto es posible porque en este Amado, en Cristo, tenemos redención, perdón de pecados, sabiduría e inteligencia (1:7-8). Jesucristo es la llegada y actualización del amor y la gracia de Dios que han estado disponibles desde antes de la fundación del mundo.

Cristo cumple lo que Dios ha prometido. Este puede ser parte del catálogo de las bendiciones espirituales que disfrutamos como parte de nuestra ciudadanía celestial. Es lo que necesitamos para ser santos y sin mancha, y para alabarle y glorificarle de modo que seamos modelo y ejemplo de la elección, adopción y predestinación que afirman su autoridad desde los siglos y para siempre. Recordemos que miramos hacia el cielo e intentamos entender los designios de Dios desde el asiento mismo de su poder. Entonces este catálogo de bendiciones espirituales viene de Dios y se actualiza en Jesucristo. Las recibimos por gracia y para acción de gracias.

La redención y el perdón son posibles por Cristo y son nuestra entrada a la iglesia. Aquí se pueden notar referencias al bautismo. En última instancia Jesucristo mismo es la máxima bendición espiritual, pues es el medio mediante el cual todas las otras bendiciones son posibles. Vivir de la redención y del perdón es vivir desde el cielo. La redención y el perdón no son acciones nuestras ni caben en el marco de las posibilidades humanas. Llegan por Cristo y en Cristo, de modo que Cristo reclame nuestras vidas para Dios —el mismo Dios que nos ha tenido en su mente desde siempre. Ahora, con estas bendiciones espirituales podemos vivir de la manera que Dios nos pide. Gálatas nos llama a que en libertad vivamos para el prójimo. Efesios nos invita a que en toda bendición vivamos para alabar y glorificar a Dios. La redención y el perdón, como dones y regalos de Dios en la sangre de Cristo, son lo que posibilita ambas cosas. Al mirar hacia el cielo alabamos. Al mirar al horizonte nos conducimos con toda justicia y rectitud a favor de nuestro prójimo.

A la redención y el perdón se le añaden la sabiduría y la inteligencia (1:8). Ser sabios es más que acumular información. Ser inteligentes es más que obtener diplomas y títulos académicos. La sabiduría requiere utilizar la información para un bien mayor o un bien común. La inteligencia requiere la capacidad de conocer e investigar las cosas con detalle y visión. Ambas necesitan un propósito y destino que las encarrile y dirija. La sabiduría, como una bendición espiritual que nos llega de Dios por Cristo, es conocer su voluntad y lo que requiere de nosotros. Es tener conocimiento y conciencia de los planes futuros de Dios, según nos han sido anunciados en Jesucristo. A la sabiduría se le añade la inteligencia, que como otra bendición espiritual es una manera particular y práctica de pensar, un marco de referencia diferente que provee nuevos entendimientos y perspicacias acerca de las cosas. En este caso acerca de los misterios de Dios.

¡Maravilloso! En Cristo somos sabios: conocemos la voluntad de Dios y sus planes. Con esta información podemos procurar un bien mayor y común. En Cristo somos inteligentes: tenemos la gracia y el amor como marco de referencia para nuestros pensamientos y como la base para una manera particular y práctica de pensar. Con estos dones ahora discernimos el misterio de la voluntad de Dios (1:9). Misterio no como la acumulación de cosas que no conocemos y que nos causan temor, sino como el conocimiento de una Persona en quien tenemos redención y perdón. El misterio de la voluntad de Dios es «reunir en Cristo todas las cosas» (1:10). Conocer a Jesucristo es entonces conocer el misterio de Dios, que es cómo se van a administrar los asuntos de Dios en la plenitud de los tiempos (1:10). Los asuntos de la plenitud de los tiempos, según nos lo ha dado a conocer Jesucristo, se administrarán a partir de la gracia de Dios (1:6). Estos asuntos lo incluyen todo: las cosas que están en el cielo y las cosas que están en la tierra (1:10).

¿Qué hacemos con el conocimiento de este misterio? ¿Qué nos toca de la administración de estos asuntos que incluyen el cielo y la tierra? ¿Cómo vivimos de la redención y el perdón para sabiduría e inteligencia? Del cielo recibimos. En la tierra damos. Recibimos la redención y el perdón y el conocimiento del misterio de Dios, que es Jesucristo. Damos alabanza, gloria y testimonio —santidad— a su causa y a su nombre. Ahora bien, este conocimiento no es algo privado y exclusivo que cambie nuestra naturaleza de modo que se extirpen de ella todas sus imperfecciones. No es un conocimiento que nazca de nuestra propia inteligencia y sabiduría, y que convoque todas nuestras fuerzas de modo que lo impuro salga de nosotros y quede una espiritualidad perfecta y de igual naturaleza que Dios.

La redención y el perdón, el conocimiento del misterio y la santidad nos vienen de Dios como cosas diferentes y externas a nosotros; y se hacen efectivas y eficaces, no por virtud de alguna actividad o propiedad humana, sino por virtud de la sangre de Cristo (1:7ss). Nuestras vidas son flechas que apuntan a Jesucristo en alabanza, gloria y santidad. Esta es la manera diferente en que los creyentes han de andar por la avenida principal de Éfeso. Frente a los bienes que llegan del puerto, los objetos religiosos que van del templo de Artemisa al resto del imperio y los vítores al emperador en el coliseo, las vidas de los cristianos de esa ciudad asumen los riesgos y los beneficios de la confesión del nombre de Jesucristo. Son flechas que apuntan al cielo donde está el Dios que les amó desde antes de la fundación de los tiempos.

La segunda parte de la oración de alabanza de cierta manera repite los asuntos de los primeros versículos (1:11-12). Cierto, Dios nos ha revelado su misterio, que es reunir en Cristo todas las cosas (1:9-10). Esta es nuestra sabiduría e inteligencia. Somos sus herederos y hemos sido predestinados para sus propósitos, que son la alabanza de su gloria. Es decir, somos herederos cuya tarea es alabar a Dios mientras completa sus propósitos y designios en Jesucristo, los cuales estaban en sus pensamientos desde siempre. A estos propósitos y designios se han añadido los creyentes de Éfeso por virtud de la predicación que han escuchado. Ellos han escuchado la palabra de verdad, que es el evangelio de la salvación (1:13). Han sido sellados con el Espíritu Santo. De nuevo, notamos afirmaciones bautismales. El sello del Espíritu Santo es el pronto pago, el depósito por nuestra herencia que vemos incompleta desde la tierra, pero que Dios valida y observa en toda su plenitud desde el cielo como adquirida en Cristo. Afirmar el sello del Espíritu Santo es afirmar la herencia y alabar la gloria de Dios.

Nosotros, como los de Éfeso, hemos llegado porque hemos oído. Hemos escuchado la palabra de verdad, el evangelio de salvación. El sello del Espíritu Santo marca nuestra vidas. Hemos sido redimidos y se nos han perdonado los pecados. Por tanto, hemos sido incorporados a la herencia. Somos coherederos, elegidos, predestinados desde el amor y la gracia de Dios revelada en Jesucristo. A nosotros nos toca alabar y dar gloria, vivir en santidad y perfección, tomar decisiones desde una nueva sabiduría e inteligencia por virtud del misterio que se nos ha revelado: Jesucristo. A cada persona que ha sido estremecida por la predicación cristiana, a cada comunidad cristiana que vive desde el sello del Espíritu Santo, a cada denominación y grupo cristiano que valora la elección y la adopción, la predestinación y el perdón de los pecados, le toca discernir y enfrentar la vida como un «amén» a esta oración de alabanza. Lo que sigue en los próximos capítulos puede verse como una extensión y comentario sobre esta extensa y hermosa oración.

c. El que todo lo llena en todo (1:15-23)

Los versículos 15 y 16 se parecen mucho a Colosenses 1:3-4 y a Filemón 4-5. Son una expresión de acción de gracias de parte de la comunidad que recibe la carta y que ha perseverado en las cosas del Señor. Estos versículos de Efesios son una confirmación de lo dicho anteriormente: esta comunidad ha oído, creído y sido sellada en el Espíritu (1:13), y sus miembros son, por lo tanto, motivo de gozo y alabanza para todos los cristianos. Han expresado con generosidad el amor de Dios y la comunidad es fortalecida por las oraciones que cada día las otras comunidades cristianas elevan por ella. Esta expresión de acción de gracias, común a varias comunidades cristianas —como lo afirma su parecido con Colosenses y Filemón— enfatiza la interdependencia de las diferentes comunidades cristianas como expresiones diversas de la iglesia. A veces nos enfocamos demasiado en las diferencias y gastamos las energías criticándonos mutuamente y encontrando deficiencias, deslealtades y apostasías en la manera en que expresamos y vivimos la fe. Tal vez deberíamos utilizar el tiempo y las energías para apoyarnos en oración y en el esfuerzo por encontrar elementos de unidad y modos en que nos complementamos mutuamente. Es esta visión de apoyo colectivo la que nos puede ayudar a dar un mejor testimonio y a expresar con claridad y profundidad los misterios y bendiciones de la fe.

La oración pide sabiduría, revelación y luz en los ojos de la comunidad y de sus miembros para que conozcan la esperanza, las riquezas y el poder que se mueven en quienes han sido llamados (1:17-19). Esto es parte de su herencia como parte de los sellados en el Espíritu. Esta sabiduría y revelación les han llegado del cielo para reconocer a Jesucristo como el enviado de Dios. Son la sabiduría y la revelación de conocer los designios de Dios y su misterio, los cuales han sido establecidos desde siempre en su voluntad (1:9-10).

Este nuevo conocer con sabiduría y luz les hará identificar el origen de la esperanza, el valor de las riquezas y la fuente del poder que los ha separado y sellado. Esta es la fuerza de Dios mismo que resucitó a Jesucristo y lo sentó a su derecha en los lugares celestiales (1:20). La esperanza, las riquezas y el poder que vienen a nuestro conocimiento se concentran en una tumba vacía. Frente a la sabiduría de Artemisa y otros dioses, a las riquezas del puerto de Éfeso y al poder del emperador, esta oración que eleva la carta presenta una nueva alternativa: el Dios que levantó de los muertos a Jesucristo. Sentado a la derecha de Dios en los lugares celestiales, Jesucristo tiene más sabiduría, es más rico y tiene más poder que «todo principado, autoridad y poder y señorío, y sobre todo nombre que se nombra, no solo en este siglo sino también en el venidero» (1:21).

Es importante repetirlo: Jesucristo es la sabiduría, las riquezas y el poder de Dios. Es nuestra sabiduría, nuestras riquezas y nuestro poder. Dios ha puesto todas las cosas a sus pies y él es la cabeza de la iglesia (1:22-23a). Se escuchan ecos del Salmo 8: «Le hiciste señorear sobre las obras de tus manos; todo lo pusiste debajo de sus pies» (Sal 8:6). También del Salmo 110: «Siéntate a mi derecha, hasta que pongas a tus enemigos por estrado de tus pies» (Sal 110:1). Este Jesucristo, como el mismo Dios (Jer 23:24) «es la plenitud de Aquel que todo lo llena en todo» (1:23b). Esta primera parte de la epístola concluye como inició, con un himno de alabanza que esta vez llega desde el cielo e identifica la llegada y establecimiento de un nuevo orden. Este nuevo orden ha estado pensado desde siempre y ha sido confirmado en el código postal y en el código de área donde residen los lectores de esta carta. El Amado, Jesucristo, *es* este nuevo orden. Es él quien llena todas las cosas en todo. Él es el misterio que se ha revelado y el contenido de la esperanza, la sabiduría y el poder de Dios.

Vale la pena reflexionar acerca de esto un poco. Comencemos con este *desde siempre* (mi manera de frasearlo) que resuena en todos estos primeros versículos. Este *desde siempre* es el plan de Dios que nosotros los seres humanos, intentando adentrarnos en el mismo corazón y mente de Dios, logramos identificar. Ni Jesucristo ni el universo son una casualidad. Todo está amarrado por algo. El texto ubica a Dios y su plan como presentes «antes de la fundación del mundo». Por supuesto, para haber creado Dios tuvo que estar presente antes de la creación (Gn 1:1). Allí mismo estaba Jesucristo (1:4). Y en este mismo lugar está ahora el Resucitado, quien desde allí ha de reinar tanto en el universo como en la iglesia (1:20ss). La pregunta que nos debemos hacer es: ¿dónde es esto y qué significa?

Me gustaría contar una experiencia que puede ayudarnos. Hace unos meses me levanté como a eso de las 5:30 de la mañana, porque la noche anterior habían anunciado en las noticias que el trasbordador espacial iba a pasar por Puerto Rico lo suficientemente cerca como para verse a simple vista. Y pasó. Luego de esperar como cinco minutos vi una luz como la de una estrella que viajaba a una velocidad impresionante cruzando todo el cielo. En esta luz como una estrella vajaban seis seres humanos haciendo todo tipo de investigaciones. Unos días después les vi aterrizar en la Florida gracias a la televisión, en vivo vía satélite, a través de una cadena de noticias norteamericana.

Luego de observar al trasbordador aterrizar y recordar sus segundos de visibilidad en el cielo de Puerto Rico intenté imaginar lo que aquellos astronautas ven desde las ventanas del transbordador. Debe ser una vista espectacular: la Tierra en todo su esplendor flotando en un espacio abierto, silencioso y sin horizonte. Galileo y Copérnico tal vez soñaron con verlo. Ellos, algunos siglos atrás, ya habían concluido que detrás del azul celeste de la cúpula visible que nos rodea existen toda clase de planetas y estrellas, y que la Tierra no es el centro de todo sino un planeta más en todo el sistema. ¿Acaso todos estos descubrimientos y hechos, que todos podemos corroborar hoy, afectan el significado de este hermoso primer capítulo de la Carta a los Efesios?

Pienso que no. Y pienso así porque los «lugares celestiales» en donde está Jesucristo junto a Dios desde «antes de la fundación del mundo», y desde donde nos llegan la sabiduría, las riquezas y el poder de Dios, no están detrás de lo azul del cielo. Tal vez para quienes vivían con los cristianos de Éfeso, y aun para los que vivieron muchos siglos después de ellos, el límite de lo conocido era ese azul que se refleja en las aguas de los mares. Sin embargo, la ubicación que nos provee la carta va más allá de un lugar en la geografía espacial. En su tiempo la carta decía lo mismo que nos dice ahora: la soberanía de Dios se encuentra en un lugar que está más allá de lo conocido, de lo medible, de lo accesible a las posibilidades humanas. Génesis lo expresa en el primer versículo cuando dice, «en el principio». Efesios lo hace al hablar de «lugares celestiales». Hoy, más que referencias de lugares y ubicaciones en el territorio del universo, afirmamos lo que la carta dice sin la necesidad de ubicar el centro de operaciones de Dios en un lugar particular. En última instancia, si Jesucristo está a su derecha y tiene al universo a sus pies, lo que conocemos de él, el pesebre, la cruz y la tumba vacía, es suficiente. El himno y la oración de este primer capítulo son, pues, una confesión de fe que exalta la soberanía de Dios y está expresada en Jesucristo sobre todas las alternativas disponibles, hasta en la avenida principal de la ciudad de Éfeso —en esa avenida y en todas las avenidas por donde usted y yo transitamos.

El conocimiento que nos llega de esta soberanía no es el que se relaciona, como vimos en el comentario sobre Gálatas, con productos comerciales de autoayuda, cartas u horóscopos. No es un conocimiento misterioso —entendiendo por misterioso, como también ya se dijo, la falta de información de algo desconocido que nos causa temor. No es una manera exclusiva de saludar, ni un plan inventado para establecer al cristianismo como el imperio que domina sobre el mundo entero. Es un conocimiento profundo y significativo que nos ayuda a vivir la fe frente a todos los conflictos, tentaciones y situaciones que se nos presentan día a día. Es la palabra y la acción que confiesan a Jescuristo como la sabiduría, las riquezas y el poder de Dios. Desde esta soberanía viven los santos en la fe.

d. Vivos en Cristo (2:1-10)

Puesto que han sido encontrados por Jesuscristo (1:13) las vidas de los de Éfeso han cambiado. Han pasado de la muerte a la vida (2:1). Han pasado de una soberanía a otra; de vivir y tomar decisiones dando cuentas a un poder y autoridad particular a vivir y dar cuentas de sus decisiones al poder y la autoridad de Dios. Aquí se puede notar cómo el plan de Dios afecta concretamente a toda la humanidad. Ellos mismos son prueba de esto. La vida sin el haber oído y creído, y sin el sello del Espíritu, es una vida que sigue las propuestas y tendencias malignas del mundo y de los poderes que lo autentican. Es un mundo que se opone a la soberanía de Dios y que vive sin confiar en su autoridad. Así eran ustedes, dice la carta. Ustedes son ejemplo de esto cuando en otro tiempo confiaban más en sus propios pensamientos y capacidades, y vivían en continuo conflicto e ira contra todo lo que les rodeaba. Este es el diagnóstico del mundo que vive de espaldas a Dios (2:1-3).

¿Cuáles son las propuestas y tendencias malignas del mundo y los poderes que las autentican hoy día? ¿Cómo se vive en continuo conflicto e ira con todo? Saber identificar y reconocer esto es mirar a los ojos los poderes que se oponen a la voluntad de Dios. No todas las cosas que existen en el mundo son malas, pero casi todas se pueden utilizar para el mal. De la misma manera, no todas las cosas que nos suceden en la vida nos afectan para mal, pero podemos vivir de las que sí nos afectan negativamente de tal modo que toda nuestra vida se convierta en una pesadilla. Por otro lado, hay cosas que no podemos controlar ni en el mundo ni en la vida —cosas que nos afectan y que afectan a muchas otras personas. El mundo y la vida tienen una dimensión trágica que es difícil de tragar.

La Carta a los Efesios aquí describe los poderes y las fuerzas conocidos en el mundo y en nosotros, que llevan a muchos a vivir vidas alejados de Dios. Existen fuerzas y poderes que sí conocemos que provocan y se nutren del mal. Existen flaquezas en nosotros que sabemos que nos hacen daño. La avaricia que provoca el lucro indebido, injusto y exagerado es una de ellas. El desamor y las dinámicas de violencia que conducen al abuso de otro ser humano son otras. La simple mala intención y habladurías que merodean nuestras familias, trabajo, comunidades e iglesias pueden añadirse a la lista. Y, ¿qué tal de los intereses de grupos que manipulan los procesos políticos y las gestiones económicas para perpetuarse en el poder? Finalmente, este corto listado no puede excluir las experiencias de discriminación que mantienen presas a comunidades enteras en situaciones de peligro y necesidad. Escudriñar un poco cada uno de estos ejemplos nos puede ayudar a identificar y reconocer las propuestas y tendencias malignas que se coronan como príncipes del mundo y que viven como si Dios no existiera. Enfrentar la vida como sus aliados es vivir muertos en nuestros pecados y delitos (2:1).

La avaricia es el motor de nuestra economía. El esfuerzo en el trabajo y la competencia deben resultar tanto en ofertas de bienes accesibles a todos como en productores de ganancias. El que haya muchas compañías que venden automóviles o televisores de plasma debería resultar con el correr del tiempo en una baja de precios, y en mejores televisores y automóviles. Sin embargo, no todas las cosas se venden en todos los lugares, ni al mismo precio. En los barrios pobres las cosas son más caras. Mi hijo, por ejemplo, aprendía a tocar el clarinete en una escuela pública relacionada con la Universidad de Chicago. Al inicio de un año escolar mi esposa y yo decidimos cambiar el clarinete. Fuimos a una tienda de música —la cual alquilaba los clarinetes— ubicada en una ciudad cercana a Chicago reconocida por su bienestar económico. Allí nos enteramos de que los mismos clarinetes tenían precios diferentes en diferentes lugares, y que el seguro sobre los clarinetes era más caro en lugares como Humboldt Park, el barrio puertorriqueño de Chicago. Le pregunté al vendedor a qué se debía esto, y me contestó: «Es que el riesgo allá es mayor. Allá maltratan más los clarinetes y se los roban». Del mismo modo los precios de los alimentos, de los automóviles y de muchas otras cosas es más alto precisamente en los lugares de más necesidad. Los préstamos son más difíciles para quienes no tiene dinero.

Si a esto le añadimos el interés de cada ser humano por tener más, debido a la propuesta del mundo de que ser exitoso es *tener*, entonces vemos una receta sencilla para hacer que el sistema provoque una estampida económica que se nutre del lucro indebido, injusto y exagerado. La manera en que las compañías gasolineras obtienen ganancias exorbitantes e impensables mientras pagamos la gasolina con lo que en otro tiempo utilizábamos para comprar los alimentos, es un ejemplo demasiado crudo de esto. No es rechazar el sistema, sino reconocer en él el germen de la avaricia como su motor y el estar alerta para establecer los contrapesos que necesita. Esta misma avaricia se expresa a nivel personal en las comparaciones y competencias entre vecinos y familiares en cuanto a quién adquiere el sistema de sonido más poderoso o el automóvil más caro y lujoso. La avaricia se convierte en nuestro dios.

A veces este deseo de poseer cosas empuja a las personas a callejones sin salida. Las lleva a buscar en el juego, las drogas y la corrupción, por ejemplo, salidas inmediatas. Las presiones económicas y familiares llevan a las pandillas, y las relaciones entre las parejas en nuestros vecindarios y hogares se nublan con expresiones de violencia crudas y viscerales. A veces estas expresiones de violencia se viven en hogares honestos y trabajadores y en vecindarios estables y seguros. Puede ser que la razón sea que no sabemos expresar el amor ni enfrentar el desamor. Nos ofuscamos tanto en lo que me pasa *a mí*, que nos olvidamos de las personas que nos rodean. Esas son las personas que nos aman o nos han amado. El egoísmo convierte el amor y sus complicaciones en una batalla que afecta cruelmente a toda la familia. Las cicatrices que estas batallas egoístas dejan en los retoños se convierten en experiencias que pueden repetir en el futuro estos patrones de conducta. La violencia y el desamor se convierten es estilos de vida que alejan a Dios de nuestros hogares. Nos convertimos en descendientes del coraje y el enojo.

Junto a todo esto están los famosos chismes. Las habladurías, medias verdades, falsos testimonios y mentiras que *inocentemente* decimos para que se esparzan como la pólvora y dañen el nombre y la dignidad de otros. Esto sucede en todos lados: en nuestras casas, en la oficina, en el barrio y en la iglesia. Escogemos lo que decimos y escogemos lo que callamos para menguar el testimonio de hermanos y hermanas en la fe. Compramos en el mundo la manera de vivir y relacionarse, la traemos a la iglesia y la vendemos en el trabajo y el hogar. Es un mundo que premia al que llega y tiene, sin importar cómo haya llegado ni qué haya adquirido. La iglesia, como institución humana, no está exenta de los embates de la maldad que se experimenta al vivir vidas derramadas en la desobediencia (2:2c).

Este interés egoísta y avaro encuentra espacio y se expresa también en lo colectivo. El resultado es mayor que la suma de las partes. Hartos estamos de experiencias de pueblos sumidos en guerras por la manipulación de la verdad y la negación de la justicia, tanto por líderes de derecha como de izquierda. La historia de nuestros pueblos es testigo de grupos, familias, partidos políticos, ideologías y relaciones entre pueblos cuyo propósito es perpetuar el poder de pocos y el dolor de muchos. De igual modo vivimos el discriminación, el racismo y la exclusión que crean bolsillos de pobreza y de sufrimiento en medio de ciudades y pueblos saludables económicamente. La responsabilidad que cada persona debe asumir con su vida y con la vida de los demás no puede esconder las expresiones sistémicas y estructurales de la injusticia. Validar todo esto es vivir en nuestros delitos y pecados (2:1).

Los creyentes de Éfeso encontraron, sin embargo, otra manera de vivir. Encontraron un Dios rico en misericordia (2:4). El mismo Dios que resucitó a Jesucristo de los muertos es la fuente de vida de esta comunidad ubicada en una ciudad grande y cosmopolita. Ahora, juntamente con él (2:5-6), los que oyeron, creyeron y fueron sellados con el Espíritu han pasado de la muerte a la vida mediante la resurrección. Igualmente se sientan en los lugares celestiales para ser estandarte de las riquezas en gracia y la bondad de Dios, según han sido manifestadas en Jesucristo. Es decir, ahora los creyentes de Éfeso, que transitaban por las calles y avenidas de la ciudad teniendo como motivo de vida los poderes y autoridades de la muerte, los valores y lealtades de este mundo, han sido incorporados a la ciudadanía celestial. Su residencia y centro de operaciones están en la soberanía de Dios. Para los lectores y oyentes de la carta esto significa que su Dios y autoridad ya no reside en la atmósfera debajo del sol, la luna y las estrellas. Reside en el lugar desde donde se construyó el universo y desde donde se estableció y ejecuta el plan de Dios para la humanidad. Para nosotros igualmente significa que nuestra fidelidad y lealtad no la reciben ni cosas ni personas, ni lugares creados, sino Jesucristo, quien es la expresión máxima del amor, de la misericordia y de la gracia de Dios. Somos salvos por gracia, y con Jesucristo hemos sido resucitados y ubicados en el lugar de toda misericordia donde reside Dios (2:5-6). Todo esto es un regalo de Dios (2:8).

Tanto los cristianos de Éfeso como nosotros somos nuevas criaturas en Jesucristo. Esta creación nos incorpora en los planes de Dios, de modo que todas las personas vean en nuestra manera de vivir que este plan es bueno. Es un plan para el beneficio de toda la humanidad, de modo que la misericordia, el amor y la gracia de Dios se establezcan como las fuerzas y poderes que dirigen al mundo. La gracia de Dios suplanta todos los esfuerzos y obras humanas (2:9). Aquí están la vida y la justicia.

¿Y cómo se vive de la misericordia, el amor y la gracia de Dios? La carta parece decir que se vive desde una u otra soberanía, desde la geografía celestial o desde la terrenal; desde las fuerzas y autoridades de la muerte, o desde las fuerzas y autoridades de la vida y la resurrección. Se vive verdaderamente, no por nuestra hechura y fuerzas, sino por la gracia y el sello del Espíritu. ¿Se trata entonces de vivir una vida absolutamente ajena y excluida de pecados y tentaciones, puesto que se vive desde la misericordia, el amor y la gracia de Dios? ¿Una vida absolutamente buena y fiel? ¿Perfecta? Existen diferentes respuestas a estas preguntas, pero lo que nos ocupa aquí es la respuesta en esta carta. Las respuestas a estas preguntas se proveen en el texto al final del capítulo tres (3:14ss), así como el final del capítulo cuatro (4:17ss), pues en este punto resulta apropiado adelantarnos en algo a nuestro comentario, refiriéndonos a lo que se dice en el capítulo 4. Los primeros diez versículos del capítulo dos presentan un formato de «antes» (2:1-3) y «después» (2:4-10). Parecería que la manera en que se presenta el argumento propone dos vidas que no se tocan la una a la otra: una vida antes de Jesucristo y otra después. Ciertamente algo ha cambiado. La ciudadanía y las fidelidades han cambiado. Pero no deberíamos hablar de perfección y de vidas absolutamente ajenas al pecado y las tentaciones, sino más bien de vidas cuyo centro de operaciones es la soberanía de Dios. Vidas que enfrentan los días con la madurez que viene de un buen entendimiento de la fe. Estas son vidas que habiendo escuchado y creído, y habiendo sido selladas por el Espíritu, no se abandonan con facilidad a la dejadez y a la indisciplina, sino que perseveran y luchan arraigadas al don de la fe que se expresa en el amor. En este panorama lo que se practica no es la perfección definida como ausencia de pecado, sino la fidelidad definida como un confiar absolutamente en Dios. Es asunto de tomar en serio a Aquél que es la esperanza, la sabiduría y el poder de Dios.

e. Cercanos y conciudadanos

La carta amplía el argumento siguiendo el mismo formato. Ahora el asunto es la unidad entre cristianos gentiles y cristianos judíos. Se enfatiza, como en la sección anterior, el antes y el después. Podemos ver esta división en el inicio del versículo once con su «Por tanto», y luego en el inicio del versículo trece con su «Pero ahora». La vida anterior se dividía entre gentiles sin Cristo y judíos que tenían el pacto (2:12). La división se marcaba físicamente con la circuncisión. Los que antes obedecían la soberanía del mundo se describen como ajenos, lejanos, extranjeros y advenedizos. El texto va un poco más lejos, y llega a declararles «sin esperanza y sin Dios en el mundo» (2:12b).

La buena noticia es la unidad. La iglesia es como un edificio que va creciendo coordinadamente de acuerdo a un plano y un plan, hasta hacerse un templo santo donde habita Dios mismo (2:21). En este edificio ya no existen las divisiones de antes, sino que hay un solo pueblo en Jesucristo. Los gentiles han sido incorporados con plenitud de ciudadanía, y ahora son miembros junto a los judíos cristianos de una misma familia (2:19). Por la sangre de Cristo la lejanía se ha convertido en cercanía, y dos pueblos se han reconciliado en el cuerpo de Cristo, que es también la iglesia. Los últimos versículos del capítulo (2:19-22) resumen de una manera poderosa el asunto: una misma ciudadanía, una misma familia y una misma edificación donde Cristo es la piedra angular. La ciudadanía común elimina las diferencias políticas. La familia común elimina las tensiones étnicas (2:14-15). La edificación común sostenida por Jesucristo forma la iglesia. Lo que en la Carta a los Gálatas era el conflicto principal y la controversia que debía ser solucionada por la iglesia recién nacida, aquí se presenta como asunto tratado, dilucidado y resuelto. La sangre de Jesucristo les ha hecho cercanos y conciudadanos.

Esto me lleva a pensar en la unidad de la iglesia. La iglesia es la comunidad de quienes han oído, creído y sido sellados con el Espíritu. Esto se ha dicho ya varias veces en este comentario. Las comparaciones de la carta afirman que la iglesia es el edificio, la familia y la nación. Más adelante la carta incorporará una imagen más conocida: el cuerpo. Cristo es la piedra angular de la edificación. Todo esto se afirma en términos de autoridad y fidelidad, y no literalmente. Ningún ser humano puede habitar literalmente en los lugares celestiales. Es decir, la iglesia no sustituye a la familia biológica ni a la nación política. Los valores del reino se sostienen —cuando estos contrastan y chocan— frente a los valores de la familia y de la nación. Vivir desde la misericordia, la gracia y el amor de Dios siempre ayuda y mejora la vida familiar, la vida social y la salud nacional y mundial.

Justo González nos dice que la iglesia se puede identificar con la manera en que visualizamos el *mañana*. El *mañana* que se vive en las comunidades que hablamos español es tanto realista como esperanzador. Es realista porque sabemos que el esfuerzo realizado no siempre resulta en los beneficios esperados. Es esperanzador porque, como decía mi abuela, «lo mejor que hizo Dios fue un día detrás de otro». Es decir, frente a todas las dificultades y problemas que enfrentamos siempre nos queda el día de mañana. Siempre hay un «mes que viene» cuando todo se va a arreglar, y ese mañana interroga el hoy plagado de conflictos e injusticias. Esta es, en la vida cristiana, la esperanza en la llegada de la plenitud del reino de Dios.

En esta situación de realidad y esperanza, continúa González, la iglesia «es la comunidad que vive mirando al futuro que nos ha sido prometido *precisamente* porque hemos sido sellados por el Espíritu para recibir esas promesas». Este futuro es la nueva humanidad y la unidad de que habla Efesios. Es la nueva ciudadanía, la nueva familia, la edificación que se hace templo santo, donde Cristo es la piedra angular. Se vive en medio de la realidad y la esperanza. Se vive caminando por la avenida principal de Éfeso, pero mirando al cielo donde está el Dios a quien confesamos. Se vive obedeciendo el rojo de los semáforos y pagando las contribuciones, pero dispuestos a luchar por leyes y programas que promuevan la justicia y la dignidad humana, aunque enfrenten el rechazo y oposición de fuerzas poderosas. Es la participación crítica en los procesos sociales y políticos sin que las ideologías y malas mañas de los procesos políticos y sociales se conviertan en los centros de poder en la iglesia.

Esta unidad que se vive en el Espíritu lleva a la iglesia a repensar las relaciones étnicas y la manera en que nos relacionamos los cristianos criados en diferentes tradiciones denominacionales y de adoración. Somos una nueva familia y una nueva edificación. La unidad que propone Efesios y que se vive desde el sello del Espíritu nos llama a tratar con honestidad las barreras de separación, las enemistades y divisiones que son producto de las diferencias étnicas, sociales y culturales presentes en nuestras comunidades. Es un llamado también a superar las divisiones, críticas y exclusividades que sobreviven dentro de la iglesia y que intentan monopolizar y apropiarse de la salvación.

¿Cómo se vive la iglesia en Orlando, en San Juan, en Phoenix, en Los Ángeles? ¿Cómo nos relacionamos las diferentes comunidades hispanas y cómo nos relacionamos los hispanos con las comunidades afroamericanas, anglosajonas y del Medio Oriente que trabajan y luchan junto a nosotros todos los días? ¿Cómo se afirma la fidelidad, la manera de vivir la fe y de adorar de los pentecostales, presbiterianos, discípulos de Cristo, metodistas, bautistas, luteranos, en los lugares donde vivimos y alabamos al Señor? La exhortación de Efesios es contundente: «Pero ahora en Cristo Jesús, vosotros que en otro tiempo estabais lejos, habéis sido hecho cercanos por la sangre de Cristo» (2:13). Ya no somos «extranjeros ni advenedizos, sino conciudadanos de los santos, y miembros de la familia de Dios» (2:19). Vivamos la iglesia hoy con la esperanza puesta en *mañana*.

f. Pablo, intérprete del misterio (3:1-13)

A mi abuela le fascinaba coser. Lo aprendió desde pequeña. De joven trabajó en una fábrica de manufactura donde hacían colchones. Ella era una de las encargadas de las costuras de los colchones. Ya mayor se compró una máquina de coser eléctrica, de esas que tenían pedal como los aceleradores de los automóviles, y pasaba las tardes y las noches cosiendo. Siempre recuerdo una camisa que me hizo de colores brillantes y manga larga. La estrené un sábado por la noche en una de las fiestas del vecindario. Todos los adolescentes nos reuníamos algún sábado por la noche en una casa a escuchar y bailar los discos de orquestas de salsa, merengue y bolero, siempre vigilados por algunas de las madres y vecinos.

Crecí observando a mi abuela coser. Compraba tela y unos papeles muy finos color marrón claro llamados patrones, que le servían de guía para ir cortando y montando los diferentes pedazos hasta formar un pantalón o un traje. El patrón aseguraba el éxito del resultado. Se podía utilizar una sola vez porque era necesario ir cortando por sus líneas para formar el vestido o camisa deseado. Los cortes no eran siempre exactos, pero sí eran lo suficientemente parecidos al patrón como para que el resultado final fuera apropiado. Las tijeras, siempre bien afiladas, se movían con destreza cortando las diferente partes. Luego el zumbido de la máquina de coser y el movimiento vertiginoso de la aguja los iba uniendo poco a poco. A veces trabajaba hasta entrada la noche y la luz que estaba encima de la máquina de coser se reflejaba en sus espejuelos.

Algunas porciones de las Escrituras las podemos imaginar como un patrón. Ya vimos cómo la introducción y la conclusión de Efesios se pueden relacionar con partes de otras cartas como Colosenses y Filemón. El capítulo tres de esta carta es una de estas porciones. Pedazos de cartas, de himnos y de escritos circularon por las primeras comunidades cristianas como lo hicieron los evangelios y cartas completas. En esa época no había luz eléctrica, copiadoras ni máquinas de fax. Un escriba copiaba la carta con su puño y letra. Se alumbraba con antorchas. La oscuridad, el trabajo tedioso de copiar, los papeles sueltos en el escritorio y otras circunstancias hacían este trabajo arduo y complicado. La revelación del evangelio y la inspiración del documento no están en entredicho. Lo que intento describir es el proceso mediante el cual el documento llega a su forma final. Si nos fijamos en este capítulo tres, podemos leer el mismo primer versículo (3:1) y luego pasar al versículo catorce (3:14). El argumento no se afecta y parecería que el escriba copió parte de la misma oración dos veces, como nosotros leemos en ocasiones la misma oración más de una vez. Un patrón —como los que utilizaba mi abuela—, un pedazo de texto mezclado entre sus papeles, fue pegado a la Carta a los Efesios. Tiene información importante y relevante para el asunto de esta carta. Esta sección desea confirmar la autoridad de la carta al presentar la experiencia de Pablo y su ministerio a los gentiles como prueba adicional de la unidad entre gentiles y judíos en la iglesia cristiana.

La sección recapitula lo que se ha dicho. Los gentiles son coherederos y miembros del mismo cuerpo que los cristianos judíos y copartícipes de las promesas (3:6). Este misterio —que la carta ha descrito y explicado— le fue revelado a Pablo como apóstol de los gentiles (3:2-3). Pablo lo ha explicado en otros documentos que son conocidos y accesibles a los cristianos que viven en la ciudad de Éfeso y áreas adyacentes (3:3-4). Pablo es ministro de este misterio por la gracia de Dios y según su poder y voluntad (3:7). La seguridad y la confianza de los cristianos gentiles —incluyendo a los efesios— está en este misterio que es la llegada de Jesucristo para salvación del mundo, y que estuvo desde siempre en los planes y propósitos de Dios (3:11-12). Estas son las riquezas de los santos y de la iglesia (3:8)

De toda esta sección el versículo que más me ha impactado es el 10, porque añade información al resumen que se provee a la luz de la vida y apostolado de Pablo. El versículo dice: «para que la multiforme sabiduría de Dios sea ahora dada a conocer por medio de la iglesia a los principados y potestades en los lugares celestiales» (3:10). Al leerlo me confundí un poco. Ahora, dice el versículo, es la iglesia la encargada de dar a conocer el misterio de Dios y su sabiduría a los principados y potestades celestiales. Al principio de la carta era lo contrario. En los lugares celestiales se encuentran, y desde allá nos llegan, el plan y el misterio de Dios que se han revelado en Jesucristo (1:3-10). En esos lugares celestiales está sentado Jesucristo ya resucitado, y allí tiene poder y señorío sobre todos los principados y autoridades (1:20ss). Nuestra sabiduría viene de allá (1:8). Ciertamente la iglesia tiene ahora una encomienda importante, pero un poco confusa.

El asunto se arregla al leer adelantadamente en el capítulo seis lo siguiente: «Porque no tenemos lucha contra sangre y carne sino contra principados, contra potestades, contra los gobernadores de las tinieblas de este siglo, contra huestes espirituales de maldad en las regiones celestiales» (6:12; Véase 1 Co 2:6-8). Estos son los mismos poderes que están a los pies de Jesucristo (1:21-22), pero que aún luchan y se revelan hasta el día de la redención final y de la plenitud del reino de Dios. Así que es necesario un doble golpe: el golpe fuerte que les ocasiona la derrota definitiva y que les ha dado Jesucristo, y el que les propina la iglesia cada vez que intenten levantar la cabeza antes de la declaración del *knock out*.

A la iglesia le toca, además de dar gloria y alabanza a Dios, la tarea de anunciar su sabiduría y misterio de modo que se conozca el plan de salvación que tiene como centro a Jesucristo. Él es el evangelio de la salvación. Este dar a conocer se realiza frente a los principados y potestades celestiales que ejercen su señorío en la Tierra y que se levantan en contra de la misericordia, la gracia y el amor de Dios. Mi abuela diría, mientras cose, que esto *no es cáscara de coco*. Quiere decir que no es fácil. Es el encuentro de las soberanías y los valores, de las acciones y empresas a favor de la misericordia con las maquinaciones y empeños del egoísmo y la avaricia. Parecería una batalla tipo *Star Wars*. El Dios del bien y lo bueno contra el del mal y lo malo en una lucha aún indecisa, pero no es así. No es una batalla entre iguales, y el veredicto *ya* ha sido declarado. Jesucristo, dice la carta, tiene poder sobre todo principado y autoridad.

Dios sometió todas las cosas a sus pies (1:21-22). La batalla a la que es llamada la iglesia consiste en anunciar el evangelio en el horizonte de una victoria obtenida y de un plan que ha sido pensado desde antes de la fundación del mundo (1:4).

¿Qué quiere decir todo esto? ¿Para qué sirve? Todo esto nos ayuda a pensar la manera en que nuestras comunidades proclaman y viven la fe. Nos invita a revisar el testimonio público de la iglesia. La iglesia vive en la confianza de la resurrección, en la esperanza de la llegada del reino y en la seguridad del plan y la soberanía de Dios. Desde aquí reconocemos las fuerzas de los principados y potestades que intentan levantarse contra Dios y que se obstinan en acumular poder y riquezas. En su esfuerzo por mantenerse en el poder crean toda clase de injusticias, promueven toda clase de prejuicios y proponen salidas fáciles que tientan y seducen a todos los seres humanos, incluso los de la fe en Jesucristo.

La labor de la iglesia de «dar a conocer la multiforme sabiduría de Dios» es anunciar el evangelio de Jesucristo con confianza, esperanza y seguridad, de modo que otros como los de Éfeso ya no estén lejos, sino que se acerquen y oigan, crean y sean sellados con el Espíritu.

Es una tarea importante que debe realizarse con empeño. En ocasiones, algunas de nuestras comunidades de fe se relajan un poco debido a la buena noticia del plan de Dios y de estar cercanos al evangelio. Pierden de vista la existencia del mal y la posibilidad de que aun los que perseveramos en la iglesia sucumbamos a los cantos de sirena del mundo. Esta confianza excesiva puede producir *turistas cristianos*. Los tales son personas y comunidades cristianas acomodadas y cómodas en el evangelio que olvidamos que la salvación no es un hecho dado, sino un regalo (2:8), y que la vida es dura. En otras ocasiones algunas de las comunidades cristianas nos concentramos en el asunto de la batalla con principados y potestades, y en la santidad de la vida en la fe. Enfrentamos el evangelizar como una absoluta oposición a la sociedad y entendemos la santidad como absoluta perfección y ausencia de pecado. Esto puede producir *atosigadores* del evangelio. Estos son legiones de personas bien intencionadas, con la medicina lista, anunciando la completa maldad y destrucción del mundo para atraer a las personas que están alejadas de la fe.

Por supuesto que estos son dos extremos en el panorama de la vida cristiana, que inclusive se pueden presentar en una misma comunidad de fe. Debemos cuidarnos de ambos extremos. Esta sección de la Carta a los Efesios nos invita a revisar la manera en que proclamamos. Nuestra misión es *dar a conocer* y lo que la iglesia da a conocer es el nombre de nuestro Señor Jesucristo. Ni la confianza excesiva ni el alarmismo son productivos en el tiempo que vivimos. Las maneras en que damos a conocer a Cristo —la multiforme sabiduría de Dios— deben estar atentas a las preguntas y gemidos del mundo ansioso, diverso y maduro en el que vivimos en las primeras décadas del siglo XXI. Las respuestas y consuelos que la Palabra ofrece en el testimonio bíblico siempre vienen acompañados de una buena dosis de gracia y misericordia.

g. Oración por fortaleza en la fe (3:14-19)

Ser cristiano es difícil. Ser iglesia es difícil. La vida de santidad que la carta describe como la manera de vivir de cada cristiana y cristiano, y la vida de la iglesia donde no hay barreras de ninguna clase entre las personas, parecen metas imposibles de alcanzar. La hermosa oración con que concluye el capítulo tres (3:14-21) es un riachuelo de agua saltarina, clara y refrescante para todos nosotros. El río surge de la oración de alabanza que inició la carta (1:3-14) y llena una charca rodeada de pastos verdes, flores y árboles de sombra. Esta sección concluye la primera parte de la carta con una larga oración de intercesión. Esta oración enfatiza las enseñanzas que sostienen a la comunidad y que le servirán de fundamento para atender y vivir de acuerdo a las exhortaciones que siguen en los tres capítulos finales.

«Por esta causa», comienza la oración (3:14). Por las bendiciones recibidas desde los lugares celestiales, por el plan de Dios establecido desde la fundación del mundo, por la sabiduría e inteligencia que Dios ha derramado (1:3-14), por nueva vida en Cristo y la unidad de la iglesia que elimina todas las barreras posibles entre los seres humanos (2:11-22) se doblan las rodillas de un apóstol frente al amor y al poder de Dios presente en el nombre de nuestro Señor Jesucristo. Se doblan para pedir. Para pedir lo necesario para que todas estas bendiciones y propuestas de Dios sean vividas y modeladas por los cristianos y la iglesia mientras perseveran en la fe. Lo necesario es fortaleza, fe y amor (3:16c-17).

Para lidiar con la vida necesitamos fortaleza en el ser interior. Necesitamos el poder del Espíritu a nuestro lado. Los que han sido sellados con el Espíritu tienen acceso a la fortaleza de este poder. La oración pide que Dios confirme esta fortaleza y poder en nuestras vidas, de manera que podamos enfrentar y asumir todas las experiencias que nos presenta la vida. La referencia al ser interior es otra manera de apuntar al corazón —al corazón como el centro de la vida misma, como el procesador de los pensamientos, las emociones y la información que obtenemos de nuestro alrededor. La petición es que tengamos el poder de Dios —por medio de su Espíritu— de modo que nuestros pensamientos sean claros, nuestras emociones saludables y que podamos enfrentar sin desmayar todo lo que la vida nos lance.

Para enfrentar los principados y potestades que se presentan como dioses necesitamos que Cristo habite en nuestros corazones por medio de la fe. Si necesitamos fe, no la producimos nosotros mismos. La fe es un don de Dios (2:8). La oración la pide, de modo que podamos identificar y enfrentar con firmeza los poderes que se confabulan, que entorpecen y diluyen los esfuerzos que abren avenidas y espacios de paz (2:14). Es desde la fe que podemos discernir entre los verdaderos valores y los falsos, entre los amores genuinos y las imitaciones, entre las genuinas aventuras sociales por la justicia e igualdad, y las imitaciones enanas que producen egos torcidos y centrados en sus propios ombligos. Estos principados y potestades dicen cosas como: «Todos los que vienen del Medio Oriente son terroristas»; «Los pobres son pobres porque no se esfuerzan lo suficiente»; «Los hispanos son vagos y malagradecidos»; «Necesitas comprar esto o vivir en este lugar para ser feliz». La fe nos afinca y estremece de modo que podamos establecer y vivir a partir de los principios y valores del reino.

Fortalecidos por el Espíritu y llenos de Cristo en la fe, la oración pide que los de Éfeso, y todos nosotros, vivamos arraigados y cimentados en amor. Este es el amor que produce la unidad de la iglesia. Es una unidad que logra que nos perdonemos los unos a los otros y superemos las diferencias culturales, de género, sociales, y de toda clase presentes en el mundo. Vivir arraigados y cimentados en amor es dejar de vivir pegados y concentrados en nosotros mismos. Es vivir de modo que se exalten los diversos dones que posee la iglesia y que los nuestros complementen los de los demás (4:11ss). Este es el amor que nos hace entender y hacer cosas diferentes. Es el amor que hace al cristiano judío considerar al cristiano gentil igual y coheredero de las promesas, y que hace al cristiano gentil entender la manera de pensar y vivir de los cristianos judíos. La oración nos incluye, y pide que este amor nos haga reconocer los dones y las cualidades presentes en cada uno de los pueblos que forman la familia hispana. Pide que podamos escuchar la música en la diversidad de nuestros acentos y la poesía en el sonido de nuestras manos mientras trabajan. Este amor es la raíz y fundamento de la unidad, de la cuidadanía, de la edificación y de la familia (2:19ss).

La oración nos lleva a los límites mismos de nuestro entendimiento. En fortaleza, fe y amor nos enfrentamos al universo. Es como si estuviésemos parados en la cima de la pirámide principal de Chichén Itzá en México, o nos detuviésemos a mirar desde un centro de observación el Gran Cañón del Colorado. Desde ahí miramos la anchura, la longitud, la profundidad y la altura (3:18). Nos enfrentamos al conocimienmto de todas las cosas y al conocimiento de Dios. Lo primero de que nos damos cuenta es de nuestra pequeñez. Reconocemos la necesidad imperiosa de esta oración para poder vivir «santos y sin mancha». La anchura, altura, longitud y profundidad del conocimiento del mundo, de los misterios de los principados y potestades malignas, de las maravillas de la creación y de las profundidades de nuestro propio ser se presentan ante nuestros ojos. Y desde la pequeñez y humildad que sentimos nos maravillamos aún más de «conocer el amor de Cristo, que excede a todo conocimiento» (3:19a). Todo lo que necesitamos saber en fortaleza, fe y amor ya lo tenemos en Jesucristo. Las anchuras, las longitudes, las profundidades y las alturas se han llenado «de toda la plenitud de Dios» (3:19b).

Plenos y llenos de Dios, fortalecidos por el Espíritu, vestidos de fe por la presencia de Cristo en nuestras vidas y arraigados al amor que hace a la iglesia una edificación sólida y una familia, ahora podemos cantar y vivir de una manera agradable a Dios. El capítulo tres termina con una canción, y la segunda parte de Efesios (caps. 4-6) consiste en exhortaciones a una conducta digna de la familia de Dios. La canción que finaliza el capítulo tiene la misma categoría de excelencia que la oración. Exalta el amor y la gracia de Dios, que provee más abundantemente de lo que siquiera podamos pedir o conocer. Sólo en la humildad de la fe, por la eficacia de la sangre de Cristo y el poder del Espíritu podemos susurrar que estamos llenos de la plenitud de Dios.

h. Doxología (3:20-21)

Desde esta plenitud concluye el capítulo con una canción que vale la pena repetir: «Y a Aquel que es poderoso para hacer todas las cosas mucho más abundantemente de lo que pedimos o entendemos, según el poder que actúa en nosotros, a él sea la gloria en la iglesia en Cristo Jesús por todas las edades, por los siglos de los siglos. Amén» (3:20-21).

El «Amén» concluye, como ya se ha dicho, esta sección que es una gran oración de fortaleza y una fuente de enseñanzas para la comunidad en Éfeso y pueblos adyacentes. De la misma manera estos primeros tres capítulos son fuente de fortaleza e inspiración para todo creyente en medio de las dificultades que debe sobrellevar y del tesimonio que debe modelar. Estos primeros tres capítulos son —y aquí utilizo el lenguaje mismo de la carta— la raíz y el fundamento de la segunda sección.

Exhortaciones a una conducta digna de la familia de Dios (4:1-6:20)

La segunda sección de la carta contiene exhortaciones a seguir una conducta para la vida cristiana. Entre otras cosas, estos capítulos nos refieren a la vida en unidad de espíritu y diversidad de dones de la iglesia, y comentan acerca de las expectativas en cuanto a la conducta personal de cada cristiano y acerca de las relaciones interpersonales. Leer los capítulos cuatro al seis sin tener como marco de referencia los primeros tres es peligroso. Si hacemos esto, corremos el riesgo de reducir las exhortaciones a lo que Pablo en Gálatas llama la *ley*. Estas se convierten en una lista común de vicios sin virtudes, y reducimos el evangelio a una denuncia sin anuncio, a una condena sin proclamación. Sin embargo, fundamentados en estos primeros tres capítulos enfrentamos la vida, en unidad, como la anchura, longitud, profundidad y altura del mundo y de lo humano, frente a la esperanza y certeza de victoria del amor de Dios en Cristo que nos llena de toda su plenitud.

a. Unidad y diversidad (4:1-16)

Esta sección comienza con firmeza amorosa. La petición es que los efesios se conduzcan a la altura de la invitación que Dios les ha hecho a vivir en los lugares celestiales bajo su soberanía, y fundamentados en ella. Es un llamado a que asuman su lugar y su papel como cristianos en el tránsito de la avenida principal de la ciudad. La comunidad cristiana lo llama vocación —aquello para lo que Dios nos ha llamado y separado. Es una invitación hecha con voz de mentor cuando combina el apoyo con la exigencia en un momento clave de la vida de su protegido. Les ruego, les exhorto, les pido y motivo a que vivan con la misma postura del Dios que les ha separado. Esta postura del Dios que les ha separado es la de un Dios que pasó por alto sus vidas anteriores y sólo vislumbró sus posbilidades de *mañana*. La manera en que se deben relacionar y tratar los unos con los otros es la misma en que Dios se ha relacionado con ustedes.

¿Y cómo es esta manera? ¿Cómo es la manifestación plena de la misericordia? Lo que se pide es la fidelidad a una relación —en este caso nuestra relación con Dios, desde su misma bondad, desde su mismo favor, desde su compasión y amor— en el lenguaje de Efesios, desde su plan trazado antes de la fundación del mundo y en él nuestra elección, adopción y predestinación. Esta misericordia que se convierte en una actitud de vida, en una manera de pararse frente al mundo, se describe como humildad y mansedumbre, paciencia en las relaciones los unos con los otros, solicitud en preservar la unidad y la paz que llegan por el sello del Espíritu. Esta es la manera de vivir de la iglesia.

En esta descripción de la misericordia aparecen algunas de las palabras descritas en la lista de virtudes que vimos en Gálatas (ver comentario a Gl 5:22ss). Afincados en la vocación de quien los llamó, los efesios no deben pensar más de lo debido en sí mismos; deben ser corteses, considerados y gentiles con los demás, tener fortaleza para aguardar y esperar por los demás, y ser diligentes y atentos en preservar la unidad de la comunidad. Estos versículos pueden darnos una idea de las situaciones que se vivían en la región de quienes primero recibieron y leyeron esta carta. Tal vez las iglesias estaban siendo amenazadas por episodios de división, producto de la arrogancia de algunos líderes, de la descortesía y falta de amor en el trato los unos con los otros, y de la proliferación de grupos que se preocupaban más por adelantar sus agendas que por el bienestar de la comunidad entera. El llamado de estos primeros versículos es a la autoreflexión y la afirmación de la razón de ser de la iglesia.

Quienes hemos vivido por algunos años en congregaciones cristianas y hemos sido templados por sus bendiciones y dolores de crecimiento, podemos reconocer en esta situación susurrada en Efesios las huellas digitales de nuestras propias comunidades. Lo realmente difícil del trabajo congregacional no es la planificación y realización de actividades, completar las cargadas agendas de reuniones o esbozar planes y metas a corto, mediano y largo plazo. Todas estas cosas son importantes y requieren dedicación y trabajo arduo. Lo difícil es *tener un mismo sentir* (Flp 2:6). Lo difícil es procurar una unidad que sea expresión de la misericordia de Dios en las vidas de cada miembro, y que haga de la congregación una fuente de misericordia en su comunidad.

La petición que hace la carta aquí es que reconozcamos que nuestro encuentro con el resucitado debe producir un cambio radical en toda nuestra vida. El crecimiento en el entendimiento de la fe incluye evaluarnos y esforzarnos en cambiar de conducta y de actitudes en nuestras relaciones interpersonales. La vida interna y el testimonio público de cada congregación deben ser reflejo de la unidad que llega de la acción de Dios a nuestras vidas. Esto debe resultar en la puesta en práctica del modelo de relaciones que nos dibujan las virtudes presentadas en estos primeros versículos del capítulo cuatro: humildad para reconocer nuestro lugar y el lugar de la hermana en el liderato y membresía congregacional, cortesía y gentileza con los demás, firmeza para aguardar y esperar por los demás, esfuerzo genuino por crear y mantener una iglesia que tenga el mismo sentir —y que este sentir sea el que tuvo y tiene Jesucristo por nosotros.

Luego de este llamado a vivir de la misma manera misericordiosa con que Dios nos ha llamado y separado, la carta presenta un perfil muy bien pensado de las marcas de la unidad de la iglesia. Estos son los lugares donde vamos a ir para promover y preservar la unidad. Aquí está el *cómo* lo hacemos, el *de dónde* sacamos las fuerzas. Cada vez que el calor, el frío, la decepción, la tristeza, el orgullo o cualquier mal pensamiento intente apoderarse de nuestras relaciones con los demás y de la manera colectiva en que hablamos y actuamos en nombre de Jesucristo, debemos recordar estos versículos. Siete es un buen número: un cuerpo, un espíritu, una esperanza de vocación, un Señor, una fe y un bautismo, un Dios y Padre de todos, quien es sobre todos, y por todos y en todos (4:4-6).

Este listado —que bien podemos tener a la mano en los próximos capítulos, cuando leamos otras listas de conductas apropiadas e inapropiadas—, es una recapitulación o resumen de lo que se ha presentado en la carta. La comunidad de Éfeso es un cuerpo con todo el resto de la comunidad cristiana (1:23; 2:16). En este cuerpo, al cual pertencen, tienen un espíritu (1:13e). Este Espíritu les provee una esperanza de vocación (1:13e; 2:18), les presenta un Señor (1:20-23) y les confiere una fe (2:8-9) y un bautismo (1:13). La unidad de esta comunidad se establece y vive por tener un Dios y Padre de todos (1:3-5), quien es sobre todos, y por todos y en todos (1:6-10; 3:8-11). Esta unidad de la iglesia se relaciona directamente con lo que la iglesia cree. Desligar lo que se cree y se confiesa de la manera en que vivimos y nos relacionamos los unos con los otros es no ser la iglesia. Exaltar la iglesia simplemente como una comunidad de relaciones saludables con un programa de intereses comunes, sin reconocer que todo esto se realiza en función de lo que creemos y a quién confesamos, es reducir la iglesia a un club social.

Desde esta unidad que nos dice quiénes somos y cómo y de dónde sacamos las fuerzas para consolarnos mutuamente, reconocemos y valoramos entonces la diversidad —la diversidad de dones que adornan y equipan a los santos. Aquí, los dones son derramamientos de la gracia que nos ha sido conferida en Jesucristo. Más aún, son expresiones del don de Cristo (4:7). En este sentido no son nuestra propiedad, sino que viven en nosotros según Cristo lo hace. La gracia y la eficacia de la sangre de Cristo actúan de manera particular en cada persona, de modo que madure y trabaje para formar un cuerpo del cual Jesucristo sea la cabeza. Cada uno de nosotros tiene una función, un rol, un lugar, unos atributos y cualidades que sirven para que el cuerpo —la iglesia— testifique. Como todas las listas que hemos visto en el transcurso de nuestras lecturas de Gálatas y Efesios, ésta tampoco es exhaustiva, sino representativa. Modela y describe cómo funciona *el cuerpo* del cual Cristo es la cabeza.

No debemos perder de vista que los dones no son expresiones individualistas de la gracia, ni posesiones con verjas y títulos de propiedad. Aquí en Efesios está claro que los dones son de Cristo y son parte de la iglesia. Lo que les da sentido, función, lugar y propósito a todos los dones es su lugar en el cuerpo. A veces sacamos esta lista de su lugar y convertimos cada don en un fin en sí mismo. Esto separa a la iglesia en compartimentos. La va dividiendo en piezas muy pequeñas con mecanismos de funcionamiento separados. Y no sólo lo hacemos con los dones, sino con las comunidades que son, por extensión y siguiendo el ejemplo del cuerpo, dones colectivos que componen un cuerpo. La comunión y congregacion de comunidades cristianas —de lo que comunmente identificamos como denominaciones— forma el cuerpo de Jesucristo, quien es la cabeza. Cada una tiene su don, y ninguno de estos dones es exhaustivo ni completo. Lo que conocemos de Dios lo encontramos entonces en el pensamiento y documentación colectiva que se forma en la conversación de todas las tradiciones cristianas. Cada énfasis y expresión doctrinal denominacional, al resaltar sus maneras particulares de entender la fe, provee un miembro para el cuerpo.

Desde esta unidad y visión colectiva, de nuevo, se afirma la diversidad dentro de la iglesia. Esta diversidad sirve para «perfeccionar los santos para la obra del ministerio, y para la edificación del cuerpo de Cristo» (4:12). Podemos traducir «obras del ministerio» como «trabajos de servicio», y entonces clarificamos el énfasis e interés colectivo presente en la carta. El llamado es a ver los dones como complementarios e interdependientes, y como expresiones concretas del trabajo del cuerpo y no de los individuos. Este trabajo y fuerza colectiva nos ayuda a madurar en el entendimiento de la fe para que no seamos alejados por enseñanzas vanas presentes a nuestro alrededor (4:14). En la unión está la fuerza, y en este caso la fuerza es de la cabeza, Jesucristo (4:15).

La lista de dones es corta. Los dones identificados, sin embargo, son muy significativos: apóstoles, profetas, evangelistas, pastores y maestros (4:11). Todos se relacionan con la manera en que aprendemos y pasamos a otros la fe. Todos tienen que ver con *creer*. El enseñar la fe es indispensable para vivir la fe. Aquí fe se refiere tanto a nuestra experiencia con el resucitado como a la historia de su encarnación, ministerio, muerte y resurrección. La carta no es tímida en afirmar la importancia de la catequesis, de la proclamación, del evangelismo y de todas las tareas que tienen que ver con enseñar y traspasar la fe. Esto no privilegia ni seprara unos dones sobre otros, sino que resalta el hecho de que todos los dones deben tener como fundamento y propósito último la «alabanza de la gloria de su gracia», según ésta nos llega en el Amado (1:6). Estos dones son los que socializan, distribuyen, modelan y comparten la «sabiduría y revelación en el conocimiento de él», de modo que se alumbren nuestros ojos y sepamos cuál es la esperanza a la que hemos sido llamados (1:17-18).

¿Y por qué esto es importante? Yo diría que esto nos sirve para caminar y recoger sillas. Me explico. Las tareas realmente duras en la vida programática de cada congregación se realizan antes y después de la celebración de las actividades. Antes del comienzo de cada actividad hay muchas noches de planificación, de preparativos y de inconvenientes de última hora. Aquí la experctativa y el entusiasmo nos acompañan. Ya cuando todas las personas han disfrutado de una noche de adoración, de una actividad evangelística, de la fiesta y el drama de Navidad o de una actividad importante para la comunidad, y se han marchado a sus hogares, comienza un período pesado y lento para un puñado de personas. Al atardecer o entrada la noche comienza la limpieza, el recogido de basura, la evaluación coloquial de la actividad mientras vamos quitando los banderines y la publicidad. Y, por supuesto, hay que recoger las sillas para llevarlas a la iglesia o guardarlas en su lugar. Ya hemos escuchado comentarios acerca de la actividad por parte de sus participantes. El cansancio, el trajín y el peso del programa de la iglesia que cargan este puñado de personas pueden ser abrumadores. Al cansancio se le añaden varios comentarios desamables de los eternos perfeccionistas de las gradas que siempre salpican nuestras congregaciones. El peso del programa, el cansancio acumulado y la presión por demostrar éxito con asistencias extraordinarias pueden hacernos perder de perspectiva el asunto en cuestión, de modo que nos desanimemos mientras reducimos la vida de la iglesia al activismo. La Carta a los Efesios y este listado de dones —que enfatiza la unidad y valora la diversidad— nos dicen cuál es el meollo de la cuestión: creer. El asunto es oír, creer y ser sellados por el Espíritu (1:13). Lo no negociable en la iglesia es conocer y dar a conocer a Jesucristo, aprender, enseñar y pasar la fe. Simpre que el programa, las actividades y nuestro esfuerzo estén arraigados en este fundamento, el cuerpo de Cristo ha cumplido su misión de dar a conocer su cabeza como fuente de toda misericordia y salvación. Cuando hacemos esto, recoger y guardar las sillas luego de finalizada cada actividad tiene sentido y es parte del ministerio de la iglesia.

Este listado de dones también nos enseña a caminar. Caminar por las aceras de las calles de nuestras comunidades nos provee experiencias interersantes. Lo que vemos, lo que escuchamos, lo que comemos y compartimos son parte integral de nuestra identidad y focos de atención para el evangelio. Ya sea que caminemos por la plaza de Río Piedras o por las calles de Camden, o que tomemos el tren para luego caminar por las callecitas que nos llevan al zócalo en México, los olores, los sonidos y las escenas nos llaman la atención. Podemos ver un joven atrapado en las drogas tambaleándose en su bicicleta por la avenida. Escuchamos música estridente con ritmos caribeños como la bachata. Pasan por nuestro lado personas vestidas humildemente, conversando acerca de las noticias del día. Nos detenemos frente a las vitrinas de las joyerías, las entradas de las mueblerías, o en algún mercado para comprar un refresco. Sentimos el olor a cerveza y escuchamos el sonido de las máquinas de juego. Vemos el deterioro de los edificios y las transacciones ilegales que ya ni siquiera se esconden de la luz del día. Podemos también entrar a un edificio de oficinas donde médicos, abogados y dentistas realizan sus labores. Entran y salen del estacionamiento toda clase de automóviles. Nos sentamos y leemos las revistas que tantos otros han leído. En todos estos caminares las conversaciones, la música, las personas, en fin, el movimiento de la vida nos ofrece toda clase de enseñanzas. ¿Cómo notan las personas que nos pasan por el lado, o que se sientan y comparten junto a nosotros en las filas de los bancos, las oficinas de los médicos o el transitar por las aceras, que somos cristianos? El *creer* que enfatizan los dones de la lista es una actitud y un enfrentarse a la vida que nos ayuda a perseverar en medio de todas las ofertas, tentaciones y salidas fáciles que se cruzan en nuestro camino. Es también el fundamento para ver posibilidades en cada esquina, en cada persona, en cada conversación, en cada gestión y compromiso que realizamos en la sociedad. La diversidad que se afirma desde la unidad de la iglesia abre nuestros ojos a la igualdad de todos los seres humanos, sin importar cómo estén vestidos, qué situaciones de problemas y dolores enfrenten, qué acento tengan al hablar, de qué color sea su piel o en qué lado de los rieles del tren vivan. Vivir de esta manera, desde este creer, y asumir sus consecuencias, es dar a conocer la multiforme sabiduría de Dios a los principados y potestades de la sociedad en que vivimos (3:10).

Caminar así y guardar las sillas de la iglesia de esta manera es dejar de ser niños fluctuantes que se dejan llevar por toda clase de cosas (4:14). Afirmar la unidad y la diversidad de la iglesia es modelar un crecimiento saludable en el entendimiento de la fe de una manera agradable a la voluntad de Dios. Cada cristiano asume y vive la fe en esta unidad y en esta diversidad. Sus miembros viven complementándose y ayudándose mutuamente, todos dirigidos por Jesucristo. Desde aquí enfrentamos las exhortaciones de conducta que se inician en los últimos versículos del capítulo cuatro (4:17-32).

b. *Vestidos del nuevo hombre (4:17-32)*

Como vimos en la introducción, leemos la primera parte de la Carta a los Efesios mirando hacia el cielo. Nuestra travesía por la primera parte de la carta ha sido un «amén» a una extensa oración de alabanza. Ahora la vista cambia y miramos hacia delante, hacia el horizonte, donde se van a ir marcando nuestros pasos en la Tierra, mientras caminamos. La iglesia se presta a vivir la fe en medio de la sociedad como un cuerpo dirigido por Jesucristo, quien es su cabeza. El cuerpo de Jesucristo necesita seres humanos nuevos (4:24) que anden siendo luz en el mundo (5:8) protegidos por la armadura de Dios (6:11). Así dan testimonio con sus vidas de aquel que los separó desde antes de la fundación del mundo.

Esta sección de exhortaciones sobre la conducta comienza proponiendo dos maneras de vivir. La primera es la usual de los gentiles. Ciertamente, la presentación es algo estereotipada y resalta las cosas negativas de la vida de las personas no cristianas y no judías. Las frases que se utilizan para describir este modelo negativo de conducta son potentes y dramáticas: caminan con la mente puesta en tonterías y cosas vanas; una nube densa y oscura se ha apoderado de su entendimiento; sus corazones obstinados y tercos les hacen vivir voluntariamente enajenados de la vida en Dios (4:17-18). Es como si dijeran: «Yo todo lo puedo, mi intelecto es suficiente, no me hace falta Dios». Esta es una vida donde uno mismo es el centro de la existencia. Sin la Palabra de Dios para dirigir nuestras vidas ni el apoyo y consejo de la comunidad para ayudarnos a perseverar en la fe, el ser humano que vive de sí mismo corre el riesgo de limitarse a la complacencia. Se corta a sí mismo de todo lo que produce dolor y de lo que pueda despertar su sensibilidad moral, para abandonarse en los deseos y sensualidad y para realizar toda clase de acciones inmorales (4:19). Esto es lo que la carta describe como el estilo de vida de los gentiles.

Los cristianos gentiles de Éfeso ya no son así. Han conocido otra manera de vivir. Han aprendido a Cristo (4:20). Este haber «aprendido a Cristo» es la segunda manera de vivir que presenta la carta y la que agrada a Dios. Este es el nuevo ser humano que ha dejado atrás al viejo ser humano. Este nuevo hombre ha sido creado por Dios en la rectitud y santidad de la verdad (4:24). Es el ser humano que ha cantado la extensa oración de acción de gracias de la primera parte de la carta y que se apresta con confianza a mirar hacia adelante en el Señor. Otra vez se reconocen referencias bautismales en el tema del contraste ente el viejo ser humano y el nuevo, que recibe la gracia y afirma sus votos cada día. Son Adán y Cristo en la pila bautismal (Ro 5:12-21).

Luego de esta descripción bastante cruda de lo que representa y significa la vida del viejo y del nuevo ser humano, encontramos nuestra primera sorpresa en la lista de conductas que presenta la carta. Las conductas presentadas no son las que comúnmente identificamos con «abandonarse a los deseos y la sensualidad para realizar toda clase de acciones inmorales» (4:19). La lista habla de mentir, de enojarse, de hurtar y de decir palabras hirientes (4:25-29). La lista enumera la amargura, el enojo, la ira, la gritería y las palabras soeces como acciones y conductas del viejo ser humano merecedoras de amonestación y disciplina (4:30-31). Más aún, estas conductas parecen estar presentes en medio de la vida de la comunidad cristiana de Éfeso y los pueblos adyacentes que también escucharían la carta (4:21; 25; 32). Sin embargo, todas estas conductas reciben el mismo trato que las de los gentiles que no han conocido a Jesucristo.

Vamos al detalle de la lista. La nueva humanidad que viene del oír, creer y ser sellado en el Espíritu procura que sólo la verdad sea la conversación entre ellos y con sus prójimos. Nótese que no dice «entre nosotros los que estamos en la iglesia». Se extiende hasta la casa de nuestros vecinos, el escritorio de nuestras compañeras de trabajo y las personas que se cruzan de un modo u otro en nuestros caminos. Aun en las tensiones, discusiones, malos entendidos y diferencias que existan entre nosotros debemos decir la verdad y no permitir que el enojo y las provocaciones aniden en nuestros corazones. El que el sol no se ponga sobre nuestros enojos y provocaciones puede significar que no nos guardemos rencor ni almacenemos malos sentimientos. Vivir del rencor, de la ira y de las provocaciones es darle lugar al diablo en nuestras vidas (4:27).

La exhortación a no robar (4:26) se parea con una ética del trabajo que tiene al prójimo que sufre necesidad como punta de lanza. Se enfatiza lo que Gálatas llama los frutos del Espíritu. A esta ética del trabajo se le añade una de la palabra: que ninguna palabra podrida y llena de maldad salga de la boca, sino que las palabras sirvan para edificar la iglesia y la sociedad como un pegamento o cemento de gracia (4:29). Un pueblo que trabaja y que va construyendo con sus palabras la iglesia y la sociedad desde la gracia de Dios no le causa dolor ni tristeza al Espíritu Santo, quien es el sello de nuestra redención. Cada vez que somos amorosos los unos con los otros, que nuestros corazones laten amablemente a favor de los demás y nos perdonamos, alejamos de nosotros la animosidad y la roncha, los gritos que ensanchan la rabia y la cólera, y la mala voluntad y la difamación que dañan las dignidades y reputaciones de los demás (4:31-32).

Esta primera lista menciona lo que todos debemos saber. No hay nada nuevo. No hay nada nuevo en reconocer la presencia de todas estas conductas y actitudes en nuestras relaciones interpersonales y en la vida de nuestras comunidades de fe. Lo importante aquí es la energía y motivación que producen estas cosas. Estas son expresiones de seres humanos que viven para sí mismos y que se complacen en crear situaciones de tensión y dolor a su alrededor. Tales personas se complacen y tal vez se benefician —o piensan que se benefician— de ellas. La frase del versículo 27 puede resumir el concurso de la malicia, las malas voluntades y el egoísmo como promotores de las relaciones humanas y de la vida en la congregación. En tales cosas damos lugar al diablo. Damos lugar a la gracia cuando el trabajo no es un ejercicio de acumulación de bienes, sino una manera de servir al prójimo; cuando nuestras palabras sirven para crear puentes de reconciliación y de armonía entre la gente, cuando el perdón es el fundamento de nuestras relaciones y la forma en que laten nuestros corazones. Así vivió y murió Cristo. Así debemos vivir y morir nosotros.

Un martillo se puede utilizar para diferentes cosas. Se puede utilizar para construir hogares en el programa *Habitat for Humanity,* o para lastimarle un dedo o darle en la cabeza a una persona. El martillo es el mismo, pero el uso y las intenciones son diferentes. Del mismo modo, conductas tales como asistir los domingos a la iglesia, cuestionar los detalles del presupuesto en una asamblea y llamar a un hermano para preguntarle cómo se siente o para indagar si lo despidieron o no del trabajo, pueden ser expresiones del corazón del nuevo ser humano creado según Dios mismo en toda rectitud y santidad, o maquinaciones del viejo ser humano que le causan dolor y entristecen al Espíritu. Lo viejo y lo nuevo conviven en nosotros; mas el llamado es a que sea el nuevo ser humano —dirigido por Jesucristo, que es la cabeza de la iglesia— quien domine en nuestras vidas desde la gracia de Dios y la disciplina cristiana.

c. Hijos de luz (5:1-20)

El capítulo continúa y abunda sobre el tema que se inició en Efesios 4:17. El nuevo ser humano es imitador de Dios y anda siempre en amor. Este es el ejemplo que nos ha dejado Jesucristo (5:1-2). Esta sección es una dura amonestación para que revisemos honesta y profundamente nuestro testimonio público como cristianos (5:15 a). Esto es sumamente importante. Este segundo listado, que se redacta fundamentalmente en expresiones negativas (ver Dt 5:1-20), tampoco puede ser exhaustivo. La complejidad de la conducta humana impide que ningún listado o catálogo ético o moral lo sea. El propósito entonces debe ser otro que simplemente identificar pecados. Podemos ver el listado entonces como un crudo recordatorio de nuestras limitaciones humanas y como un urgente llamado a estar siempre alerta y conscientes de nuestras más profundas y secretas intenciones. Ciertamente se presentan conductas específicas que no podemos pasar por alto, pero no podemos reducir el significado del texto a su simple identificación y rechazo.

Debemos comentar un poco este asunto de estar siempre despiertos y conscientes de nuestra humanidad y de nuestras intenciones. La moral y la ética cristianas pueden verse como un asunto de intencionalidad. Su propósito es la articulación de principios que nos ayuden a tomar decisiones que afecten positivamente nuestra conducta y convivencia social. A veces nosotros, como personas y como iglesias, pasamos los días, las semanas y los años de manera automática. Pasamos por la vida, adoramos, trabajamos, amamos y criamos a nuestros hijos sin pensar en lo que estamos haciendo. Nos dejamos llevar. Tal parece que vivimos para comer, dormir y satisfacer nuestros deseos. No participamos de conversaciones significativas, vamos a las urnas sin realmente pensar en lo que hacemos, y no invertimos tiempo y recursos en acompañar a nuestros seres queridos por la vida. Nos dejamos dominar por sentimentalismos y banalidades que al encontrar la más mínima dificultad provocan nuestro enojo y coraje. La iglesia está para mimarnos y complacernos en lo que deseemos y no debe criticar los falsos valores por los que en la práctica a veces nos regimos. Confundimos la predicación profética con politiquería, porque sencillamente no queremos criticar a los que son de nuestro partido ni entender a los que no lo son. Un comentario escuchado, una mirada o gesto mal entendido o una equivocación pastoral son suficientes para que nos marchemos en busca de un lugar donde nos traten mejor.

¿A qué nos invitan ésta y las demás listas de esta segunda parte de la Carta a los Efesios? Nos invitan a no reducir la ética y la moral a listas de cotejo y a hacernos preguntas difíciles e importantes: ¿Cuáles son mis verdaderos valores y mis verdaderas motivaciones? ¿Cómo vivo de la gracia y la soberanía de Dios? ¿Son mi piedad y perseverancia en la fe verdaderas ofrendas de olor fragante a Dios? ¿Cómo doy testimonio de la rectitud y la justicia de Dios en mi trato a las personas de edad avanzada, los niños, los extranjeros y cualquier otro ser humano que piensa y vive diferente a como yo pienso y vivo? ¿Qué cosas son tentaciones para mí y qué cosas debo hacer, o dejar de hacer, para mi salud y la salud de mi familia? ¿Cómo vivo intencionalmente mi vida, procurando agarrarme de Dios para modelar al nuevo ser humano que imita a Dios y que puede dar cuenta de sus cosas en la luz? Todo esto, aun desde las diferencias doctrinales que podamos tener, se puede resumir de la siguiente manera: ¿Cómo vivo desde mi bautismo asido del poder del Espíritu Santo? La discusión del listado que sigue puede verse desde la intencionalidad que manifiestan todas estas preguntas.

Tal como se hizo en la Carta a los Gálatas, describir el comportamiento detrás de las palabras del capítulo cinco de Efesios puede ser útil. El inicio es seco y directo: las prácticas de inmoralidad sexual, la perversión y descontrol respecto al sexo, y el deseo y avaricia incontrolables por las cosas que poseen los demás, son conductas inapropiadas para los imitadores de Dios (5:3). Es también inapropiado llenarse la boca con palabras soeces, hablar tonterías y hacer bromas vulgares (5:4). Nadie que practica inmoralidades sexuales, a quien la perversión y el descontrol por el sexo dominan y a quien la avaricia incontrolable por las cosas que poseen los demás le quita el sueño, tiene herencia en el reino. Todo esto es idolatría. No repitan estas acciones ni participen con los que las practican (5:7). La idolatría a la que se refiere aquí es el vivir para uno mismo; es el dejarse llevar por el egoísmo, la complacencia consigo mismo y la ausencia de límites, de modo que sólo se respire para procurar satisfacción y placer. Dios y el prójimo se convierten en elementos accesorios en nuestras vidas. Esta es la motivación fundamental y torcida de todas las conductas que se han presentado y que, como en la lista de Gálatas, no presentan jerarquía ni gradaciones valorativas. Todas las conductas son igualmente amonestadas porque provienen de un mismo lugar: el ser humano que se posiciona a sí mismo primero sobre Dios, sobre el prójimo y sobre toda la creación.

La carta nos recuerda —tanto a los que la leyeron por primera vez como a nosotros— que nuestras vidas no deben ser así. Vivir de esa manera es vivir en las tinieblas, y ya nosotros estamos en la luz. El Espíritu que vive en nosotros ha dado ya sus frutos. Éstos no sólo son las diferentes vocaciones y dones que sirven para enseñar y traspasar la fe (4:11), sino las virtudes que nos ayudan a perseverar en la luz y a luchar contra las tinieblas. Estas son la bondad, la rectitud y la verdad (5:9). La bondad como virtud es estar alambrados desde el cerebro y por todo nuestro cuerpo por el Espíritu para lo bueno (Ro 15:14). Del mismo modo, la rectitud como virtud es vivir desde el perdón y hacia lo justo (Ro 3:28). El Espíritu también hace fructificar en nosotros la verdad, que es ser personas confiables cuyas palabras y acciones estén siempre de acuerdo con lo real. Nuestras vidas se esmeran por examinar y aprender lo que es agradable a Dios. Por eso no participamos de las cosas que son fruto del egoísmo ni de la avaricia que les puede causar daño y dolor a los demás. Las obras de las tinieblas son machorras, infértiles, no fructifican. La luz de una manera u otra siempre llega y pone al descubierto todas las cosas.

Si miramos la televisión, escuchamos la radio o simplemente conversamos con algún familiar o conocido, tal parecería que las obras de las tinieblas sí fructifican y que la luz no llega siempre a todos los lugares para descubrir la verdad. Más aún, la bondad, la rectitud y la verdad parecen ser herramientas muy débiles para contrarrestar el poderío del egoísmo y de la avaricia. Vivimos en un mundo complejo que trastoca la realidad. Los noticieros filtran la información y resaltan las malas noticias. Las películas y los programas de televisión presentan los excesos y la violencia como estilos de vida productivos y buenos. En nuestras calles y vecindarios quienes viven en las tinieblas poseen televisores más grandes y autos más lujosos. Las grandes corporaciones pagan menos impuestos y obtienen más ganancias aun en tiempos de escasez y necesidad, mientras nuestro esfuerzo y empeño —que nos empujan a tener dos y hasta tres empleos— sólo proveen para lo necesario. Las guerras y las enfermedades diezman países enteros y amenazan especialmente a niños y niñas. Nuestros ancianos se quedan solos porque tenemos que trabajar;

y sus pensiones apenas le alcanzan para las medicinas. Hasta en la iglesia parece haber más falsos profetas que verdaderos, y más turistas cristianos que obreros y obreras del evangelio. Vivir como imitadores de Dios y como hijos de la luz, afirmando el nuevo ser humano que ha dejado lo viejo atrás, es como presentarle una rama de olivos a un proyectil o cohete militar.

Esto lo podemos ver en esta carta y en otras que presentan listas de vicios y virtudes. El listado de vicios siempre es más grande y parece más poderoso que el listado de virtudes. El tiempo en el que se escribió esta y otras cartas también era difícil. Los cristianos eran un grupo muy pequeño que procuraba sobrevivir en el imperio más grande de la historia de Occidente. Las corrientes filosóficas serias se confundían con otros grupos religiosos que transitaban por las ciudades con los comerciantes y soldados. Los excesos del coliseo y de los templos paganos podían ser tema de conversación diaria. Pero en esta carta, y en todas las demás del Nuevo Testamento, siempre se afirma que las virtudes son mejores para la persona, que promueven una mejor convivencia y que construyen una sociedad más justa. La plenitud de todo esto es, por supuesto, el reino de Dios.

¿Cómo puede esto ser posible? La contestación más sencilla es que miremos a la cruz. Lo que parece una derrota, Dios lo convirtió en una victoria. Pero vayamos al diario vivir. La vida y la realidad son más que las noticias, las películas y la televisión. Por cada mala noticia y evento de violencia que viaja el mundo por la televisión y la internet existe una multitud de seres humanos que luchan, que se preocupan por sus hijos y ancianos, que corren la segunda y la tercera millas por ayudar al vecino. Por cada muerte de un párvulo por SIDA hay por lo menos una enfermera, un médico y un científico pasando largas noches de trabajo y poco sueño intentando lograr una cura para la enfermedad. Por cada palabra ponzoñosa, por cada puñalada por la espalda y chisme en el trabajo hay recesos para tomar café y para conversar acerca de las cosas que hacen nuestros hijos. Por cada guerra e intento de guerra, por cada pandilla y accidente de tránsito causado por una persona ebria, hay diplomáticos de la paz, líderes comunitarios y madres luchando contra el alcohol en las carreteras. Siempre he dicho que en la iglesia hay más bautismos que funerales. Aun en el diario vivir de nuestra convivencia social las virtudes son las que mantienen el orden y la esperanza, y su presencia es tanto o más significativa que las obras de las tinieblas.

Para los cristianos, dar testimonio con nuestras palabras y acciones dentro y fuera de la iglesia es la manera en que procuramos que la luz de Dios en Cristo sea una alternativa de vida. La bondad, la rectitud y la verdad son suficientes porque son frutos del Espíritu que levantó de los muertos a Jesucristo. Nuestra primera mirada a la cruz es angustiosa, pero nuestra segunda mirada es de victoria. Cristo es el nuevo Adán, el prototipo de la nueva humanidad, y su sangre es la fuente de la rectitud. Él es la verdad (Jn 12:14) que nos muestra el camino y la vida. El llamado de la carta es a reclamar esta victoria y proclamarla con una vida derecha. Es a estar conscientes de las dificultades que enfrentamos y esperanzados en la victoria obtenida. Despertemos, levantémonos, y mostrémosle a Cristo al mundo (5:14).

Vivir desde la bondad, la rectitud y la verdad es ser sabios, entendidos y llenos del Espíritu. Los días en que vivimos son ciertamente difíciles, y por lo tanto debemos dejar atrás toda necedad, insensatez y borrachera (5:15-17). Nuestra vida debe ser de alabanza y gloria y entusiasmo en el Señor. Las borracheras y las palabras soeces, las tonterías y las trivialidades deben ser sustituidas por toda clase de cánticos, salmos y alabanzas a Dios (5:19-20). Esta es la manera en que mostramos nuestra gratitud a aquél que nos sacó de las tinieblas a su luz admirable.

d. Código de conducta en el hogar (5:21-6:9)

Esta sección de la Carta a los Efesios ofrece exhortaciones de conducta para el hogar. Comienza en Efesios 5:21 y se extiende hasta Efesios 6:9, y trata las relaciones entre esposos y esposas, hijos y padres y esclavos y amos. Como sucede con las listas de vicios y virtudes, este formato y discusión del orden en el hogar tiene sus orígenes en la filosofía popular de la sociedad grecorromana. La discusión que se presenta en Efesios tiene semejanzas y diferencias con la manera en que estos códigos hogareños se discutían en la sociedad en general. La manera en que se describen las relaciones entre los diferentes miembros de la familia en este y otros textos bíblicos (Col 3:18-4:1) ha influido tanto sobre el orden social de los pueblos de Occidente cercanos al cristianismo como sobre la vida de la iglesia en general.

Una de las dificultades que se presentan cuando leemos este código es la misma que se presentó cuando leímos el texto de los dones del Espíritu en el capítulo cuatro. El flujo del argumento presenta primero el llamado a la unidad (4:1-6), luego los dones (7:12) y culmina exponiendo la razón de la unidad y el propósito de los dones en medio de las dificultades de la vida (4:13:16). El formato del argumento presenta entonces un llamado a la unidad, luego la descripción de los dones y sus usos, y finaliza con un una afirmación cristocéntrica como la piedra angular del argumento. Nosotros tendemos a olvidar la primera y tercera partes del argumento, aislamos los dones como un listado autónomo de vocaciones y los afirmamos como valiosos e indispensables en sí mismos. Los dones, sin embargo, son expresión de la unidad del cuerpo cuya cabeza es Jesucristo. Olvidar esto es convertirlos en fines en sí mismos.

Lo mismo sucede aquí. El formato del argumento es el mismo. Las interpretaciones comunes de este código olvidan la primera y tercera secciones del argumento y se concentran en las descripciones de las funciones y relaciones entre las partes —esposos y esposas, padres e hijos, amos y esclavos. La semejanza principal del código con sus parientes en la sociedad y filosofías populares grecorromanas es su estructura jerárquica. Los esposos, los padres y los amos se presentan por encima de las esposas, los hijos y los esclavos. Esta era la manera en que estaba organizada la sociedad gentil de la época. Lo diferente y particularmente cristiano de esta sección no es pues, la estructura jerárquica, sino la primera y tercera partes que olvidamos en la lectura. Es por esta razón que discutiremos primero la primera y tercera partes y luego la segunda, que trata sobre los casos específicos de las relaciones de las diferentes personas en el hogar.

La primera parte del argumento —el llamado a la unidad que ubica todo el texto dentro del argumento de la carta— está en Efesios 5:21. El versículo llama a que nos obedezcamos los unos a los otros en el temor de Dios. Este obedecer es producto del respeto y amor mutuos. Este temor y respeto mutuos son una manera de expresar nuestro temor a Dios, y manifiestan un respeto y amor profundos e indescriptibles por nuestro Creador. Este es el cemento de la unidad de que ha estado hablando Efesios (1:15-22) y que hace que ya no seamos advenedizos ni extranjeros, sino una edificación sólida, un cuerpo, una familia de Dios (2:11-22). El esposo y la esposa, el hijo y el padre, el siervo y el amo, ahora son «solícitos en guardar el vínculo de la paz» (4:3), y viven como una familia desde un cuerpo, un Espíritu, un Señor, una fe, un bautismo y un Dios que es sobre todos y está en todos (4:4-6). Esta sabiduría y entendimiento que ahora tienen los de Éfeso es lo que va a hacer que la manera de relacionarse en la familia sea diferente a la manera tradicional que presenta la sociedad. Ciertamente se puede argumentar que los cristianos deseaban de alguna forma no presentarse como una manera diferente de organizarse, por los peligros que eso les traería con la sociedad y con el imperio, y asumen el orden jerárquico dispuesto por la sociedad. Sin embargo, también es cierto que la manera de asumir este orden no puede convertirse ni en idolatría —la búsqueda de mis propios intereses— ni en apostasía —la negación de Cristo como la cabeza del cuerpo, de la sociedad y de la familia. El versículo 21 da por sentado el código que nos exhorta a que vivamos como ciudadanos responsables siguiendo los patrones de la sociedad, pero transforma todo esto para que el fundamento de los valores que se afirme sea particularmente cristiano.

En esta unidad vive la familia cristiana, obedeciéndose mutuamente en el temor de Dios. Este versículo nos presenta además un movimiento interesante en la dirección de la acción de Dios en la vida de la iglesia. La tendencia general en la sociedad era que el marido, padre y amo fueran los encargados y responsables del bienestar del hogar. Este versículo 21 afirma una mutualidad y un compartir de responsabilidades que modifican esta tendencia común. En la tradición hebrea que conocemos del Antiguo Testamento el peso de autoridad en las relaciones del hogar estaba a favor del varón (Dt 22; 24:1-4). El movimiento en el Nuevo Testamento es a favor de la mujer. El prohibir el divorcio es una acción de justicia para aquellas que lo sufrían a veces por cualquier razón y además no podían pedirlo (Mt 19:1-9). Quienes gustamos del béisbol podemos decir que este versículo le añade al movimiento de la acción de Dios una curva al estilo de Nolan Ryan o de Pedro Martínez a favor de la mujer. Es como si el preámbulo de esta sección se afirmara en Gálatas 3:28, pues derrumba todas las verjas de división entre judíos y griegos, esclavos y libres, varones y mujeres delante de Dios.

Esta igualdad de género que presenta Gálatas se vislumbra en Efesios en la interdependencia y mutualidad, en la obediencia del marido y la esposa. Más aún, la lista de vicios y virtudes de la carta se les aplica tanto al esposo como a la esposa. A ambos se les pide, por ejemplo, que se alejen de las inmoralidades sexuales, que el sol no se ponga sobre sus enojos, que no se hablen con palabras de mentira ni expresen sus opiniones con palabras soeces, que no se emborrachen y que no se griten. De igual manera la bondad, la rectitud y la verdad deben ser promotoras de la relación. Efesios preserva, sin embargo, en el código del hogar, una tendencia jerárquica que debe ser reinterpretada a la luz del versículo 21.

La primera parte del argumento presenta esta mutualidad e interdependencia en obediencia de los unos a los otros. Vamos ahora a lo que sería la tercera parte del argumento que luego se va ampliando en el texto y que culmina en el lugar del marido, el padre y el amo en el hogar. El padre y el amo toman su autoridad de la discusión del marido como cabeza del hogar que se discute ampliamente en la relación de esposo y esposa. El clímax de este argumento es la comparación del marido como cabeza del hogar con Cristo, quien es la cabeza del cuerpo que es la iglesia (5:23). En el orden de mutualidad y obediencia mutua entre el esposo y la esposa (5:21), el marido debe amar a su esposa como Cristo ama a la iglesia (5:25). La relación de autoridad entre Cristo y la iglesia es de entrega, amor y perdón, y no es autoritaria, voluntariosa y forzada. Es la autoridad que procura una unidad que se fundamenta en la cabeza, que es Jesucristo, y que trabaja concertadamente por las coyunturas que se ayudan mutuamente, según los dones y vocaciones de cada cual, para crecer y edificar el matrimonio en amor (4: 15-16). La autoridad es de la entrega en amor y en santidad cristiana.

A partir de la interdependencia y mutualidad de obediencia del versículo 21 y de la autoridad que se ejercita en entrega, amor y perdón como Cristo ama a la iglesia del 25, ahora podemos atender con propiedad el llamado a las esposas y como corolario a los hijos y los esclavos. Si este argumento se sostiene, entonces la relación del esposo y esposa, de padre e hijo y de esclavo y amo se da en función de los dones y vocaciones de cada cual para beneficio del cuerpo, que en este caso es el hogar. Las funciones de cada uno, aun en la estructura jerárquica que presenta la carta, se valoran y complementan como los miembros del cuerpo. Dice Efesios 5:22-23: «Las casadas estén sujetas a sus propios maridos, como al Señor, porque el marido es la cabeza de la mujer, así como Cristo es la cabeza de la iglesia». Este estar *sujetas* (5:22) es lo mismo que se dice antes, de *someterse* u *obedecerse* los unos a los otros en el temor de Dios

(5:21). Es el mismo *someter* y *poner en obediencia* que describe la manera en que reina Cristo en el mundo sobre todas las cosas (1:22). Esto no es un dominio tiránico, sino el ejercicio del amor, la gracia y el poder que levantaron a Jesucristo de los muertos y que todo lo llena en todo (1:20-23). Quien somete y pone en obediencia es el que además nos regala sabiduría, revelación y conocimiento de él (1:17). No se refiere a obediencia y sometimiento ciegos, sino al ejercicio del amor para el beneficio de todo el cuerpo aun en la estructura social jerárquica de esos tiempos. De nuevo, el movimiento de la dirección de la acción de Dios va a favor de los pequeñitos del reino (mujeres, hijos, esclavos), de modo que se vistan de dignidad e igualdad en medio de la realidad en que viven.

La discusión específica de la relación entre padres e hijos y entre esclavos y amos se nutre y depende de lo que se dice acerca de la relación entre esposo y esposa. Se proveen algunos detalles de la relación. Los hijos y los esclavos deben escuchar, seguir y obedecer de corazón (6:1 5). Los padres y los amos son llamados a ejercer sus vocaciones con propiedad. Los padres a no provocar ira (6:4) y los amos a *hacer lo mismo* (6:9) que hacen los esclavos, es decir, ejercer su vocación (de liderato) con toda paciencia y benignidad sin prepotencias ni amenazas. Todas estas son relaciones bidireccionales, aunque el orden jerárquico permanezca. Cada persona en la relación contribuye con sus dones y funciones, y el buen ejercicio de esos dones y funciones hace que la sociedad y la iglesia caminen y maduren.

La pregunta que nos debemos hacer —identificada ya la manera en que la acción de Dios se ha ido moviendo en el testimonio bíblico— es: ¿Qué nos pide y hacia dónde nos lleva la mano de Dios en cuanto a la manera en que vivimos y ordenamos el hogar hoy?

d. La armadura de Dios (6:10-20)

Finalmente todos, luego de haber cantado alabanzas a Dios (1:1-3:21) y de haber recibido exhortaciones para vivir en unidad compartiendo los dones del Espíritu para formar el cuerpo de Cristo y vivir como seres humanos nuevos e hijos de luz (4:1-6:9), debemos fortalecernos y vestirnos de la armadura de Dios (6:10-20). Este «todos» se refiere a cristianos gentiles y cristianos judíos, a esposos y esposas, a hijos y padres, a esclavos y amos, a amigos y compañeras en la fe separados por Dios y sellados por el Espíritu en la unidad y diversidad de la iglesia. Necesitamos esta armadura porque la vida es difícil y las fuerzas que convocan al mal poderosas (6:12). El plan y la soberanía de Dios son una realidad en el plano espiritual; pero en el plano humano la lucha continúa. La victoria de Cristo adelanta y trae destellos del plan y la soberanía de Dios y proclama la victoria y plenitud final. En el entretanto los cristianos debemos estar preparados y listos para enfrentar todas las cosas que intentan apoderarse de lo digno, lo recto y lo justo. Dios mismo nos presta su armadura (Is 11:5; 52:7; 59:17). Ningún contratiempo, ningún problema, ninguna prisión ni ninguna cosa humana ni consecuencia que venga por la proclamación de las buenas nuevas de Dios quitará la libertad y la eficacia de la sangre de Jesucristo a los que perseveran en la fe (6:19-20).

3.Conclusión (6:21-24)

La referencia a Tíquico recuerda los viajes de Pablo (Hch 20:4) y, como se dijo en la introducción, se parece mucho a Colosenses 4:7-8. El saludo final es típico de las cartas de entonces. La paz y la fe (6: 15-16) son parte de las vestiduras con las que vivimos quienes amamos a Jesucristo con amor inalterable.

Un rápido repaso

El viaje por los versículos de esta carta ha sido emocionante. Comenzamos en los lugares celestiales y terminamos batallando contra los gobernantes de este mundo. Como conclusión general a la carta quisiera reflexionar acerca del lugar de la acción de gracias, la doctrina y la conducta en la vida cristiana según se presentan en la carta. Para esto seleccionaré tres textos como guías de la reflexión. Estos son Efesios 1:3; 4:5-6 y 5:15. Se podrían utilizar muy bien otros, pero para fines de este ejercicio estos tres son convenientes. Modelan el formato y flujo del argumento de la carta, que puede describirse como de: a) regocijo, b) reflexión y c) responsabilidad.

a. Regocijo

El tono, la atmósfera, el ambiente que crea la carta en sus mismos inicios es de regocijo: «Bendito sea Dios... que nos bendijo con toda bendición espiritual»(1:3). ¡Que toda la alabanza y la honra sean para Dios que nos ha concedido todos sus beneficios! Esta es la alegría de quienes se saben perdonados, elegidos, separados. Es el gozo de quienes han escuchado, creído y han sido sellados por el Espíritu. Este versículo, que introduce la larga oración de alabanza en Efesios, expresa nuestra primera respiración luego de haber conocido a Dios y recibido su Palabra preñada de toda misericordia. Este es el lenguaje de la adoración, de la oración, de nuestra conversación constante con Dios mientras caminamos por la vida. Es un lenguaje especial que recoge y documenta casi al instante nuestra experiencia con Dios.

La vida cristiana, que se enfrentó y fue encontrada por Dios en la cruz en la Carta a los Gálatas, ahora responde con adoración y alabanza. La respuesta es alegría, gozo, alivio, canción. La iglesia es, pues, una comunidad llena de gozo y alegría, deseosa de alabar, y ciertamente feliz. Esta felicidad y alegría, que se desbordan como copa rebosante en la primera parte de la carta, encuentran lugar en la oración, en la adoración y en cada ministerio y vocación cristiana. No es una alegría fingida ni el regocijo de quienes viven de la nada, enajenados de la realidad. Es reconocer, por los méritos de Jesucristo, que somos hijos de Dios, que el plan de Dios nos incluye, que somos parte integral del cuerpo de Cristo que es la iglesia.

El lenguaje de la carta refleja todo esto. Algunas de las palabras que lo expresan son «alabanza», «afecto», «gloria», «gracias», «esperanza», «riquezas», «misericordia», «paz» y «amor». Estas son las palabras que recogen nuestras oraciones y alabanzas, que estructuran nuestra adoración y que acompañan nuestra continua conversación con Dios. La vida de la iglesia comienza y termina aquí: en adoración y alabanza. Vamos de la vida al templo y del templo a la vida cantando con regocijo y celebrando cada momento el favor y amor de Dios que nos ha dado una vida nueva.

Esta experiencia y actitud de regocijo —que surge de nuestro encuentro primario con Dios— necesita una manera de decirse, de escribirse y de socializarse. Las fotos, las cartas y otros objetos que guardamos en nuestras vidas son la documentación de nuestras relaciones con los demás. Cada foto, cada carta, cada objeto, cuenta una historia, y al recordar les vamos añadiendo sentido y explicaciones a nuestros sentimientos. De igual modo sucede con nuestra experiencia con Dios. Necesita ponderarse y redecirse para que vayamos entendiendo mejor los detalles de la relación y lo que Dios quiere de nosotros. La Carta a los Efesios no se queda en el regocijo. Lo pondera y lo reescribe, y al hacerlo nos deja un testamento hermoso de lo que es indispensable y no negociable en la iglesia: «un cuerpo, y un Espíritu, como fuisteis también llamados en una misma esperanza de vuestra vocación; un Señor, una fe, un bautismo, un Dios y Padre de todos, el cual es sobre todos, y por todos, y en todos» (4:4-6). El lenguaje primario y cercano de nuestra experiencia con Dios ha dado paso a un lenguaje cuidadoso y reflexivo que nos hace entender mejor.

Este lenguaje cuidadoso y reflexivo que nos hace entender mejor es lo que en su fondo significan palabras como *doctrina*, *tradición* y *teología*. No son malas palabras. No son impedimentos para la fe. Si este lenguaje ponderado, cuidadoso y reflexivo sustituye nuestra experiencia con Dios y el lenguaje primario de la adoración, de la oración y de la alabanza, entonces su uso es inapropiado. Pero ciertamente este lenguaje —un poco distanciado de la experiencia, pero que se nutre de ella y la explica para compartirla— tiene un lugar importante en la vida de la iglesia. La Carta a los Efesios es testimonio de esto. Comienza con el lenguaje maravilloso y vivificante de la experiencia con Dios y pasa al lenguaje ponderado, reflexivo y cuidadoso que nos hace decir y escribir lo que creemos a partir de esa primera experiencia. La invitación de la carta es, pues, a no descuidar este lenguaje y a valorarlo como parte integral de nuestra vida en la fe.

b. Responsabilidad

Estuve presente en el nacimiento de mis dos hijos, Javier Andrés y Gabriela. Siempre bromeo con mi esposa diciéndole que ella los parió, pero yo los vi primero. Una cosa que pude notar en ese momento maravilloso es algo que cualquier padre o madre puede decir: los hijos no vienen con un manual. El asunto de criar se aprende en el camino mientras se vive y uno se educa en la tarea. De la misma manera, la vida en general no trae un manual. La segunda parte de la Carta a los Efesios es la contestación que se les da a las comunidades de Asia cuando en medio de sus dificultades, problemas y contratiempos pudieron preguntar *cómo* se vive desde la fe. La contestación se puede resumir en Efesios 5:15: «Mirad, pues, con diligencia cómo andáis, no como necios sino como sabios». Los cristianos asumimos la responsabilidad de nuestras vidas y luchamos por la dignidad de los demás.

El vivir la fe es posterior al recibir la fe. El creer —como nos dice Efesios 5.4-6, por ejemplo— nos provee pautas y guías para nuestra conducta. La moral y la ética son respuesta de acción de gracias desde la fe que ya ha reflexionado y madurado en su entendimiento.

Los capítulos finales de Efesios modelan cómo lo que creemos produce principios, normas y valores que nos ayudan y dirigen a decir *sí* a unas cosas y *no* a otras, a interesarnos en el prójimo y la justicia y a procurar estilos de vida que ayuden a la dignidad humana. El orden de todo esto es importante. Ya se dijo que es inapropiado sustituir la experiencia y el lenguaje primario de la fe por la reflexión ponderada y cuidadosa que produce el lenguaje de la doctrina, la tradición y la teología. De la misma manera, pretender anteponer la conducta a la experiencia de la fe —que anuncia a Jesucristo y estremece al ser humano para la salvación— y a la reflexión que provee las guías necesarias para vivir la fe es intentar justificarnos por las obras o convertir la soberanía de Dios en un sello automático.

La responsabilidad cristiana es asunto serio, tan serio que a eso se dedica la mitad de esta carta. Pero la carta misma ubica la responsabilidad cristiana en su lugar. En cada cristiano conviven simultáneamente el regocijo, la reflexión y la responsabilidad. Este convivir a veces hace difícil el discernimiento del lugar y la función de cada una de estas dimensiones de la vida cristiana. La Carta a los Efesios nos ayuda en este discernimiento. Su lectura siempre produce frutos. A partir de la lectura de la carta nos embarcamos en la aventura cristiana de dar testimonio de aquel en quien creemos siempre y por quien estamos siempre regocijados, dispuestos a la reflexión y comprometidos a vivir vidas responsables para la gloria de nuestro Señor Jesucristo. Amén.

Conclusión general

Podemos leer las Escrituras de varias maneras. Los textos bíblicos se pueden leer para edificación personal. Esta lectura nos ayuda en nuestras devociones y oraciones y nos familiariza con el contenido bíblico. Vamos conociendo las historias, los personajes y el mensaje del evangelio de modo que nuestro espíritu se vaya fortaleciendo día a día. En los estudios bíblicos profundizamos un poco más y nos detenemos en los detalles. Esta lectura es un poco más crítica. Con ella, como los atletas, vamos adquiriendo fuerza y forma. Indagamos acerca de situaciones complicadas de la historia bíblica y hacemos preguntas más profundas al texto, de modo que este nos ayude en las situaciones complicadas y difíciles que enfrentamos. Un profesor universitario puede realizar una lectura puramente histórica de la Biblia. Es un documento importante que contiene valiosa información acerca de los inicios mismos de la civilización de Occidente. Esta lectura es secular, y ve el texto como un libro de sociología o de antropología.

La lectura que me interesa aquí, sin embargo, es la lectura de los textos bíblicos en la predicación cristiana. Todos los domingos en nuestra adoración pública leemos y escuchamos salmos, pasajes de los profetas y otros libros del Antiguo Testamento, porciones de las cartas, los evangelios y otros libros del Nuevo Testamento. Nuestra adoración y nuestra predicación deben relacionarse con y estar dirigidas por las lecturas bíblicas que realizamos los domingos y en cada ocasión que adoramos. Cada denominación cristiana tiene su manera particular de organizar su adoración. Algunas lo hacen de una manera más libre y otras poseen tradiciones litúrgicas con formas más elaboradas. Todas ellas surgen y se nutren del legado de adoración presente en las Escrituras, y afirman este legado. Debido a esto, la lectura de textos bíblicos y el comentario acerca de estos textos en un sermón es un punto culminante de la adoración cristiana.

¿Cómo podemos utilizar la Carta a los Gálatas y la Carta a los Efesios en las predicaciones en nuestras congregaciones? Pienso que estas dos cartas nos dan una visión panorámica de nuestra experiencia con Dios y la manera en que vivimos esta experiencia. Gálatas señala cómo Dios se presenta y nos atrapa para perdón y salvación. El inicio de Efesios es una explosión de alegría y acción de gracias por la manera en que Dios, en Cristo, se acercó a nosotros primero. Luego Efesios reflexiona acerca de la manera en que vivimos con Dios y el prójimo, y nos presenta los diferentes lugares a donde vamos a beber y donde encontramos fortaleza y consuelo cada día. Finalmente, los últimos capítulos de Efesios nos invitan a pensar acerca de las consecuencias de nuestro encuentro con Dios en nuestra conducta y testimonio cristiano. La visión panorámica de nuestra vida en la fe que proveen estas cartas puede hacer que nuestras predicaciones se conecten con diferentes momentos en nuestras vidas y con diferentes personas que pasan por momentos diferentes en su travesía cristiana. De igual modo nos ofrecen la oportunidad de predicar sobre toda una variedad de temas y de predicarlos de diferentes maneras. En fin, le dan anchura, longitud, profundidad y altura (Ef 3:18) a nuestra predicación.

Gálatas nos provee textos interesantes para el evangelismo, para la celebración de aniversarios, para experiencias de inicio en la comunidad y para repasar enseñanzas fundamentales de la fe. Los gentiles de Gálatas eran nuevos cristianos que formaban una nueva iglesia. Esta experiencia de inicio en la fe de los gálatas, y su conflicto con los cristianos que llegaron de Jerusalén para exigirles el cumplimiento de ordenanzas y estatutos de la ley como la circuncisión, llevaron a Pablo a reflexionar sobre lo fundamental. Aquí entonces podemos conectarnos con la experiencia de los gálatas y la de Pablo y compartirla y celebrarla en campañas de evangelización, cuando predicamos con el interés de traer gente nueva a la iglesia (Gl 2:20-21). Cuando nuestra comunidad se iba formando y comenzábamos a gatear todos juntos, también fue importante el aprender lo fundamental. Aquí la lucha de Pablo por preservar un espacio para los gentiles puede ayudarnos en nuestras celebraciones de aniversario (Gl 3:6-9; 4:1-7). Gálatas también puede servirnos en experiencias de bautismos y afirmaciones bautismales cuando la oportunidad de adoración nos invite a asirnos de la justificación (Gl 5:1-6). Una serie de sermones temáticos o doctrinales acerca de las promesas (Gl 3:13-14), la justificación (Gl 2:15-16), el lugar de Cristo en nuestras vidas y la vida de la iglesia (Gl Gl 6:14-16 ;2:20-21; 3:27-28), el propósito de la ley (Gl 3:19-20, 4:1-7), las consecuencias del pecado (Gl 5:16) y el trabajo del Espíritu (Gl 5:22-26), por ejemplo, también puede lanzarse desde esta carta. El contenido y forma de la carta se presta más para sermones de corte pedagógico y expositivo. La pasión de Pablo por la discusión de los temas también nos ofrece claves para la entrega o presentación de los sermones.

Nuestras comunidades necesitan refuerzos positivos y proclamaciones que las consuelen y alimenten su espíritu. El diario vivir durante la semana es pesado, y podemos utilizar el domingo para proveer un espacio de solaz y recuperación de energías. La primera parte de la Carta a los Efesios es una celebración y alabanza a Dios. El regocijo por saberse dentro de los planes de Dios y la celebración por sus bendiciones y beneficios hacen que podamos utilizar esta primera parte de la carta para animar, abrazar y consolar con gozo a nuestras comunidades. Las comunidades que recibieron la carta eran ya comunidades maduras. La madurez en la fe y la rutina en el ministerio de la iglesia pueden hacer que a veces nos descuidemos un poco, o que perdamos la chispa y efervescencia de los primeros días. Aquí entonces estos primeros tres capítulos de Efesios nos ofrecen una oportunidad extraordinaria de calentar la fe con una sobrecarga de alabanza (Ef 3:14-21). El tono, atmósfera y ambiente de estos versos pueden influir tanto en la celebración en general como en la presentación del sermón en particular, de modo que compartamos el regocijo de la fe los unos con los otros. Los sermones pueden enfatizar el gozo y regocijo tanto personal (Ef 2:4-7;3:14-21) como comunitario (Ef 2:19-22). Temas tales como la soberanía de Dios (Ef 1:15-23), los dones del Espíritu (Ef 4:11-16; 5:9), la nueva vida en Cristo (Ef 4:20-24) y el perseverar en la fe (Ef 5:1-2) pueden servirnos también como parte de una serie que se concentre en la carta misma.

Efesios también nos sirve para fortalecer la espina dorsal de la iglesia. Todos necesitamos sermones que nos ayuden a crecer en el entendimiento de la fe para que dejemos de ser niños fluctuantes llevados por toda clase de enseñanzas falsas (Ef 4:14-16). La invitación de la carta es a dejar de hablar y predicar tonterías y banalidades sin contenido, que entretienen pero no edifican. Tanto las personas nuevas como las templadas en la fe tienen el deseo, el mandato y la disposición de escuchar sermones que les ayuden a entender mejor sus reacciones, condiciones y limitaciones humanas, así como las virtudes y dones del Espíritu que les ayudan a perseverar. Todos tenemos la inquietud de aprender y entender mejor las cosas de Dios y cómo Dios nos ilumina y dirige en la vida. Esta sección de Efesios identifica temas que nos nutren en todas estas cosas. Algunos de estos temas —que podemos incluir en nuestros catálogos de predicación, y que se añaden a los ya mencionados— son el testimonio cristiano (Ef 5:15-16), el bautismo (Ef 4:1.6; 1:13-14), la fe, la identidad y la obra de Jesucristo Ef (4:1-6), el misterio y la sabiduría de Dios (Ef 3:1-7) y la plenitud y sabiduría de Dios como un abrazo de amor para el mundo entero (Ef 3:8-13). Debemos enfrentar temas con significado y profundidad de modo que podamos enfrentar también nuestras vidas y testimonio público con fidelidad y compromiso. Estos temas pueden incorporarse a la predicación regular de una manera intencional y apropiada a la personalidad y tradición de adoración de cada comunidad.

La segunda parte de Efesios nos habla del cómo vivir la fe. Modela y provee guías para la conducta de los fieles y de la iglesia como cuerpo de Cristo. La manera en que vivimos, las decisiones que tomamos, los valores que nos ayudan a decidir qué es necesario y digno y qué no lo es, son, al fina de cuentas, la clave de nuestro testimonio. La manera en que nos desenvolvemos en el trabajo, en que hacemos familia y en que tratamos a los vecinos dicen tanto de Jesucristo como tener un altavoz y gritar «Cristo salva» todos los días desde el balcón de nuestras casas. La predicación sobre los asuntos éticos y morales de las personas y de las sociedades tiene su lugar en el púlpito de nuestros templos. Efesios nos recuerda que estos sermones son comentarios acerca de la vida cristiana, y no han de establecer requisitos para recibir el perdón que tenemos en Jesucristo. Temas como la ética del trabajo (Ef 4:28), los resultados de la bondad en nuestras palabras y acciones (Ef 4:29-32) y el testimonio cristiano (Ef 5:8; 6:14), proclamados de manera educativa y exhortadora, les proveen a los fieles y a la iglesia herramientas críticas y útiles para modelar conductas que hablen bien del Señor a quien confesamos.

Este breve comentario acerca de las posibilidades de estas dos cartas para la predicación ilustra, espero yo, un programa de predicación variado, ameno, con contenido y relevante para las experiencias de vida de nuestras congregaciones. Este ejercicio se presenta, por supuesto, como un ejemplo de lo que podemos hacer con estos y otros documentos bíblicos. Esfuerzos como este se pueden integrar a la vida de adoración de nuestras comunidades, según sus tradiciones y costumbres. De igual manera, se pueden realizar programas de estudios bíblicos, talleres y conferencias que contribuyan a la vida saludable de nuestra comunidades. La lectura fiel, seria y comprometida de las Escrituras siempre resulta en beneficio de quienes la realizan. Fomentemos esta lectura y crezcamos juntos en el entendimiento de nuestra fe.

Bibliografía selecta

Bauer, Walter, *A Greek-English Lexicon of the New Testament*, 2da Ed., traducido y adaptado por William F. Arndt y F. Wilbur Gingrich (Chicago y London: The University of Chicago Press, 1979).

Berry, George Ricker, *Interlinear Greek-English New Testament: With a Greek-English Lexicon and New Testament Synonyms*, Reimpresión (Grand Rapids: Baker Book House, 1991).

Brown, Raymond E., Joseph A Fitzmyer y Roland E. Murphy, Eds. *The New Jerome Biblical Commentary* (Englewood Cliffs: Prentice Hall, 1990).

Conzelmann, Hans. *Epístolas de la cautividad: Efesios y Colosenses* (Madrid: Ediciones Fas, 1972).

Cothenet, Eduard, *Las cartas a los gálatas* (Navarra: Verbo Divino, 1983).

Hays, Richard, «The Letter to the Galatians» en *The New Interpreter´s Bible: General Articles & Introduction, Commentary, & Reflections for Each Book of the Bible Including the Apocryphal/Deuterocanonical Books*, Vol. XI (Nashville: Abingdon Press, 2000).

Hendricksen, William, *Exposición sobre Efesios* (Grand Rapids: Desafío, 1984).

Hendriksen, William, *Exposición de Gálatas* (Grand Rapids: Desafío, 1984).

Keck, Leander E., *Paul and His Letters*, Reimpresión (Filadelfia: Fortress Press, 1989).

MacDonald, Margaret, «Efesios» en *Comentario Bíblico Internacional* (Navarra: Verbo Divino, 1999), pp. 1521-1535

Mays, James L., et al, Eds. *Harper´s Biblical Commentary* (San Francisco: Harper & Row, Publishers, 1988).

Moule, H. C. G., *Estudios sobre Efesios* (Terrasa: CLIE, 1994).

Pérez, Gabriel, *San Pablo: Cartas a Efesios y Colosenses* (Salamanca: Sal Terrae, 1990).

Tamez, Elsa, *Contra toda condena: La justificación por la fe desde los excluidos* (San José: Departamento Ecuménico de Investigaciones, 1991).

Tamez, Elsa, «Gálatas», en *Comentario Bíblico Internacional* (Navarra: Verbo Divino, 1999), pp. 1508-19

Zerwick, Max, *Carta a los Efesios* (Barcelona: Herder, 1967).